EXU
SETE CAPAS
O GUARDIÃO DA ENCRUZILHADA

Carlos Casimiro

*Inspirado pelo espírito do Preto-Velho Pai Barnabé e
Akin, Exu Sete Capas, o Guardião da Encruzilhada*

EXU SETE CAPAS
O GUARDIÃO DA ENCRUZILHADA

MADRAS®

© 2023, Madras Editora Ltda.

Editor:
Wagner Veneziani Costa (*in memoriam*)

Produção e Capa:
Equipe Técnica Madras

Revisão:
Jerônimo Feitosa
Ana Paula Luccisano

Dados Internacionais de Catalogação na Publicação (CIP)
(Câmara Brasileira do Livro, SP, Brasil)

Casimiro, Carlos
Exu sete capas : o guardião da encruzilhada / Carlos Casimiro, inspirado pelo espírito Preto-Velho, Pai Barnabé e Exu Sete Capas. -- São Paulo, SP : Madras Editora, 2023.

ISBN 978-65-5620-068-2

1. Romance brasileiro 2. Umbanda (Culto)
I. Preto-Velho. II. Pai Barnabé III. Exu Sete Capas. IV. Título.

23-164950   CDD-299.672

Índices para catálogo sistemático:
1. Romances mediúnicos : Umbanda 299.672
Tábata Alves da Silva - Bibliotecária - CRB-8/9253

É proibida a reprodução total ou parcial desta obra, de qualquer forma ou por qualquer meio eletrônico, mecânico, inclusive por meio de processos xerográficos, incluindo ainda o uso da internet, sem a permissão expressa da Madras Editora, na pessoa de seu editor (Lei nº 9.610, de 19.2.98).

Todos os direitos desta edição reservados pela

MADRAS EDITORA LTDA.
Rua Paulo Gonçalves, 88 — Santana
CEP: 02403-020 — São Paulo/SP
Tel.: (11) 2281-5555 – (11) 98128-7754
www.madras.com.br

Agradecimentos

Agradeço ao nosso Pai Olorum e ao Pai Oxalá, por terem permitido que eu encontrasse o caminho da Umbanda. Hoje, sei que tudo acontece por intermédio d'Eles e do nosso merecimento.

Agradeço aos Orixás, aos Guias e aos Guardiões protetores que me acompanham pelo conhecimento dado, pela proteção e pela sustentação em todos os trabalhos e em minha vida. Agradeço aos Orixás, aos Guias e aos Guardiões Protetores da Tenda de Umbanda Ogum Beira-Mar e a Pai João de Mina, por me darem conhecimento, sabedoria e sustentação em todos os trabalhos desde que iniciei na casa. Agradeço, ainda, ao grande sábio Preto-Velho Pai Barnabé, por fazer de mim instrumento para escrever mais esta história de vida.

Agradeço à minha família e aos dirigentes espirituais, aos mestres e aos médiuns da Tenda de Umbanda Ogum Beira-Mar e a Pai João de Mina, por todo apoio e incentivo nesta jornada.

Índice

Palavras do Autor 8
Prefácio 9
Dons. Conhecimentos Ocultos 11
Sofrimentos. Fé em Decadência 23
O Oculto Começa a Ser Revelado 28
Lutando Contra Minha Fraqueza 42
O Escravo Desconhecido 45
Tentei Evitar... Mas Já Era Tarde 55
Desespero Tardio 68
Em Busca de Ajuda 82
Vibrações Negativas... Ou Você se Protege Contra Elas ou,
Possivelmente, Elas Dominarão Você 94
Convite das Trevas 106
Trabalhos Fora da Lei 111
A Vingança 117
Afrontando um Desconhecido 123
Decisão Errada... No Lugar Certo 129
O Inesperado 134
Início da Minha Evolução 139
Conhecendo os Trabalhos dos Exus Guardiões 148
O Resultado de Minha Ajuda 158
Vencendo a Fraqueza 161
Conhecendo a Linha dos Sábios que Foram Escravos 167
De Volta ao Passado. O Jovem Designado 177
A Iniciação Regida pelos Sete Tronos Sagrados 194
Exu Sete Capas, o Guardião da Encruzilhada 209

Palavras do Autor

Ciente de que receberia este lindo romance do Guardião Exu Sete Capas, preparei-me mentalmente, pois, assim que terminei de escrever a história do Guardião do Cemitério, o Preto-Velho Pai Barnabé deixou algumas palavras em meu mental:

"Fique atento aos sinais, filho. Em breve, você receberá a história de vida de seres que foram resgatados pelo Guardião do Cemitério. Um deles se chama Akin, o chefe que foi ao encontro do Guardião quando este impediu dois Trevosos de entrar no cemitério. Akin, o chefe, também foi impedido pelo Guardião, porém, tempos depois, tentou novamente invadir o cemitério, mas em busca do fim de seu espírito. Hoje, porém, vê que fez a escolha errada no lugar certo, pois com seu dom o Guardião do Cemitério viu o passado daquele Trevoso em seus olhos e não teve dúvidas de que deveria ajudá-lo. Hoje, Akin, que era um Ser Trevoso e tinha seu "reinado" nas trevas, foi regido pelas Sete Forças Divinas e agora se apresenta como **Exu Sete Capas, O Guardião da Encruzilhada**... *Fique atento aos sinais, filho. Logo receberá a história desse Guardião".*

E foi o que fiz. Fiquei atento aos sinais. E, mais tarde, tive a honra de receber e escrever a história desse grande Guardião.

Tenham uma boa leitura!

Carlos Casimiro

Prefácio

Narrativa do Preto-Velho Pai Barnabé

Século XVIII. Em meio a um engenho onde escravos trabalhavam arduamente, havia um que estava com seu destino traçado pela Lei Maior. Seu nome era Akin. Esse nome foi dado por seus próprios pais, um casal de escravos que também trabalhava naquele engenho. Mas, para seu senhor, Akin era apenas mais um negro como tantos outros.

Akin não estava com seu destino traçado para algo ruim. Pelo contrário, teria uma vida como a dos sábios negros que viviam como escravos – conhecimento, dons, sabedoria, enfim... Tudo fora planejado para acontecer na hora e no momento certo... Mas Akin fez sua escolha.

Talvez, Akin trilhasse seus caminhos em direção à luz, se não tivesse deixado o desequilíbrio e o ódio o dominarem... Sentimentos esses que todos nós estamos propensos a desenvolver.

Mas não foi isso o que aconteceu após seu desencarne. Akin não foi direcionado pelos caminhos de luz... Melhor dizendo... Akin decidiu não seguir por esses caminhos. A vida, algumas vezes, em virtude de nossas escolhas, nos prega peças, e nós mesmos fazemos nossos caminhos serem mudados.

Contudo, no caso de Akin, o destino não iria pregar uma peça em seus caminhos... Akin mesmo faria seu destino ser mudado. E os motivos seriam os sofrimentos que outros escravos passariam e os que ele mesmo iria passar, por ordens de seu senhor e dos feitores. E, para não mais sofrer, ele deixaria oculto tudo o que lhe fora passado em uma longa viagem espiritual, mesmo sem saber o que era, mas ciente de que precisaria ajudar os demais, pois fora orientado por negros sábios que também eram escravos.

Isso mesmo, em vez de seguir pelos caminhos de luz, Akin escolheu seus próprios caminhos, chegando a um ponto de negatividade tão grande que, em vez de usar o dom recebido para ajudar e salvar pessoas, decidiu seguir pelos caminhos obscuros, em razão do ódio que sentia.

Mas para entendermos o desfecho dessa história de vida e evolução desse grande Guardião, precisamos voltar um pouco no tempo... Tempo no qual Akin ainda era um jovem de aproximadamente 15 anos.

Dons. Conhecimentos Ocultos

Narrativa do Preto-Velho Pai Barnabé

Akin era filho de um casal de escravos. Quando ainda era pequeno, a família foi para outro engenho, a fim de trabalhar para um novo senhor... Akin e seus pais foram vendidos.

No novo engenho, o pai de Akin passava o dia na lida em meio às lavouras com outros escravos, enquanto Akin fazia alguns trabalhos leves ou ficava junto de sua mãe, que tinha tarefas na casa do senhor do engenho.

Essa foi a vida que Akin teve até aproximadamente seus 15 anos de idade. Nessa mesma época, começou a ajudar de forma forçada em outros trabalhos daquele engenho.

Em determinado dia de trabalho, um dos feitores guiou uma carroça até a lavoura, onde o pai de Akin e outros negros trabalhavam. Na carroça, estava a mãe de Akin.

Ao parar a carroça, a mulher saltou desesperada e, com o rosto banhado em lágrimas, foi ao encontro de seu companheiro.

Ao ver sua companheira naquele estado, o pai de Akin rapidamente largou o que estava fazendo e, tentando dar passos rápidos por causa das correntes que prendiam suas pernas, foi ao encontro dela...

– O que aconteceu? Por que chora dessa forma? – perguntou preocupado o pai de Akin à sua companheira.

Ela nada respondeu, estava estagnada, não conseguia acreditar no que vira há pouco.

– O que aconteceu? – perguntou desesperado o pai de Akin. Mas não teve respostas.

Vendo que sua companheira nada respondia, apenas chorava, o pai de Akin se dirigiu ao feitor...

– Senhor! O que houve? Por que minha companheira chora de forma desesperada?

– Seu filho morreu! – afirmou de forma fria o feitor.

– Meu filho morreu? – perguntou desesperado o pai de Akin. Ele parecia não acreditar.

– Sim! – respondeu em prantos sua companheira. – Akin está morto!

Rapidamente, o pai de Akin se aproximou do feitor.

– Senhor! Leve-me até meu filho! Por favor! Eu lhe imploro – pediu desolado o pai de Akin ao feitor.

– Vamos! Vim aqui exatamente para isso – sim, o feitor só foi até lá porque havia recebido ordens..

Às pressas, os pais de Akin subiram na carroça.

– Vocês... Voltem ao trabalho! – ordenou o feitor aos outros escravos que estavam próximos. Eles observavam aquela triste cena.

Enquanto o feitor guiava a carroça até o destino, o pai de Akin queria saber o que havia acontecido...

– O que aconteceu?! Como nosso filho morreu? – perguntou chorando o pai de Akin à sua companheira.

– Não sei dizer o que houve! – afirmou a mãe de Akin. – Estávamos separando em sacos o que seria colocado nas carroças. De repente, ele começou a falar sozinho... Eu achei estranho! Depois, nosso Akin gritou, clamou por Deus e saiu correndo! Ele caiu próximo de onde estávamos! Quando cheguei, tentei levantá-lo, mas ele parecia não mais respirar! – falava e chorava a mãe de Akin.

– Acalme-se! – pediu o pai de Akin, abraçando sua companheira. – Nosso Pai Maior sabe o que faz! – ele também estava abalado, mas precisava passar forças a ela.

Assim que chegaram ao local, os pais viram diversos escravos em volta do corpo. Akin ainda estava caído ao solo.

Sem saber o que acontecia, mas ciente de ter perdido seu filho, o pai de Akin se ajoelhou, tomou o filho em seus braços e caiu em prantos. E, olhando para o céu, dirigiu-se ao nosso Pai Maior:

— Pai! Sei que todos têm sua hora de partir! Não quero contestar o que houve neste momento. Mas meu filho era muito jovem. Apenas 15 anos de vida, Senhor! Mesmo que fosse para viver na lida como escravo, ainda tinha muito a viver, Pai! Por que não levou a mim, em vez dele, Senhor? Meu filho era muito jovem! — desabafava e, ao mesmo tempo, chorava o pai de Akin.

Aos prantos, o pai de Akin se dirigia a Deus. Desejava apenas que seu filho fosse bem encaminhado pelos Seres de Luz. E, ao final de sua triste prece, pediu:

— Neste momento, peço ao Senhor, Pai, direcione seu espírito ao seu devido lugar!

Os pais de Akin estavam em choque. Ao mesmo tempo que achavam ter chegado a hora de seu filho, não queriam acreditar. E qual pai ou mãe que ama seu filho não agiria como eles ou de forma semelhante?

Os dois ficaram ao lado do corpo de Akin durante toda a tarde. Os outros escravos já haviam voltado a seus afazeres.

O dono daquele engenho, assim como muitos, não sentia piedade dos negros. Morreu? Despachem ou sepultem o corpo e coloquem outro negro no lugar. Sim, era dessa forma que muitos deles agiam.

Mas no caso de Akin seria diferente. O senhor do engenho até poderia ordenar que o corpo do garoto fosse despachado ou sepultado, mas antes iria atender a um pedido de alguém que vivia ali há muitos anos. Seu nome... Joaquim.

Joaquim era um escravo de idade já bem avançada. Vivia como escravo desde que fora separado de seus pais.

Com o passar do tempo, Joaquim foi adquirindo grande conhecimento dos Orixás, aprendeu magia com ervas, seus mistérios e, mais do que isso, tornou-se um grande curandeiro.

Joaquim era bem aceito pelo dono daquele engenho, por ter salvado Lurdes, a companheira do dono do engenho. Joaquim não havia salvado Lurdes de uma doença que ataca o corpo físico, mas, sim, o espiritual. Forças negativas viviam em torno dela e, como Joaquim sabia do que se tratava, sabia também como ajudar. Mas sempre evitava dizer ao dono do engenho o que acometia sua companheira.

No dia do ocorrido com Akin, coincidência ou não, Joaquim estava no mesmo lugar. Ele observava tudo à sua volta, e pedia orientações aos Seres de Luz para saber como iria iniciar o Culto aos Orixás, que aconteceria no dia seguinte.

Sim, os escravos faziam suas práticas religiosas, mas de uma forma que ninguém desconfiasse de estarem cultuando os Orixás.

De longe, Joaquim observava aquela triste cena. Pai e mãe ao lado de seu único filho. Mas, além de observar isso, notava também algo espiritual naquela situação.

Incerto do que estava acontecendo, mas consciente do que deveria fazer, Joaquim foi ao encontro do senhor do engenho, que estava do lado de fora de sua casa sentado em uma cadeira observando tudo, enquanto os pais de Akin ainda choravam ao lado do corpo.

Ao se aproximar da casa, com suas mãos para trás em sinal de respeito, Joaquim se dirigiu ao dono do engenho:

– Senhor, peço desculpas por incomodar. Mas preciso lhe fazer um pedido.

– Diga, Joaquim. O senhor é o único que não incomoda meu dia.

– Senhor, como é do seu conhecimento, amanhã precisamos agradecer a Deus e ao Nosso Senhor Jesus Cristo por nossas vidas e saúde, por nossas famílias, entre tantas outras coisas.

– Sei disso, Joaquim! Todos os que trabalham aqui sabem que isso é uma regra neste engenho. Só peço que não deixe os demais escravos ficarem citando certos nomes. Já presenciei às escondidas alguns chamando por nomes estranhos. Não aceito neste engenho que os escravos clamem por esses deuses desconhecidos. Façam da forma como manda a Igreja!

– Fique tranquilo. Faremos da forma como Deus aceita, senhor – afirmou de maneira branda Joaquim. Em seguida, pensou: "Deus aceita que saudemos os Orixás".

– Assim espero. Mas diga: qual pedido queria fazer, Joaquim?

– Se o senhor permitir, gostaria de guardar o corpo do jovem Akin até o momento de fazermos nossos agradecimentos a Deus.

– Quem é Akin? – perguntou o senhor do engenho, realmente sem saber de quem se tratava. Akin era chamado por outro nome, escolhido por seu antigo senhor.

– O jovem dado como morto, senhor – respondeu Joaquim. – Assim que terminarmos nossas orações e agradecimentos a Deus, levaremos seu corpo para ser sepultado. Se assim for necessário.

O senhor do engenho olhou para Joaquim com uma feição de não acreditar no que ouvia.

– Está pedindo para guardar o corpo de um jovem morto?!... É isso o que estou entendendo, Joaquim? – indagou.

– Sim, meu senhor. Se Akin realmente morreu, acho que os pais merecem uma despedida. Não merecem?

– Sim! Podem até merecer. Mas o que o senhor está pedindo é um absurdo! Não posso deixar um morto aqui. O corpo precisa ser despachado ou sepultado o quanto antes.

– Faremos isso, caso necessário, senhor. Mas peço encarecidamente que nos deixe guardar o corpo. Não peço em meu nome, mas, sim, em nome dos pais de Akin, que sofrem neste momento.

Naquele instante, o senhor do engenho ficou pensativo. Dava a entender que se lembrava do que Joaquim fizera por ele.

– Bem – o senhor do engenho suspirou e prosseguiu –, confesso que devo muito ao senhor, Joaquim. Minha companheira já esteve à beira da morte por diversas vezes e o senhor a salvou. Vou atender a seu pedido. Mas quando terminarem suas orações, o corpo precisa ser despachado.

– Obrigado, senhor! – agradeceu Joaquim, um tanto emocionado. Sentia que deveria fazer algo por Akin. – Tenho permissão para guardar o corpo da forma que desejar?

– Onde pretende deixar o corpo?

– No galpão onde fazemos nossas orações, senhor.

– Melhor que seja lá. Quando terminarem, não demorem para dar um fim no corpo!

– Sou grato por sua bondade, senhor – agradeceu Joaquim. – Se necessário, sepultaremos o corpo – e foi em direção aos pais de Akin, que ainda estavam próximos ao garoto.

A mãe de Akin ainda chorava; o pai não, embora estagnado, sem acreditar no que acontecera.

Joaquim foi em direção a eles.

– Sinto muito pelo que aconteceu, mas não podemos deixar o jovem Akin aqui. Vamos levá-lo para o galpão.

– Não podemos fazer isso, senhor Joaquim! Seremos castigados – disse o pai de Akin.

– Não seremos! Já falei com nosso senhor. Ele permitiu que guardemos o corpo até amanhã. Ao final do nosso culto, sepultaremos Akin. Se assim for necessário – Joaquim estava calmo. Parecia saber de algo.

O pai de Akin assentiu com a cabeça, concordando com o que ouvira. Então, pegou Akin em seus braços e levou seu corpo para o galpão onde eram feitos os Cultos aos Orixás.

– O que faremos sem nosso filho? – perguntou a mãe de Akin, abraçada a seu companheiro.

– Acalme-se. Nosso Criador sabe o que faz – disse o pai de Akin, tentando consolar sua companheira.

Joaquim sentou-se em um banco próximo ao corpo, não dizia nada, seu olhar parecia estar distante... E assim ficou durante muito tempo.

Já era noite. Eles ainda estavam no galpão, quando Joaquim, certo do que deveria fazer, se dirigiu ao pai de Akin:

– Vamos cobrir seu corpo com palhas.

– Mas para que, senhor? – perguntou o pai de Akin.

– Creio que não gostaria de ver seu filho passar a noite ao relento. Não é mesmo? – perguntou Joaquim com seu olhar distante.

– Não, senhor.

– Imaginei que sua resposta seria essa. Vamos. Precisamos cobrir o corpo – Joaquim falava, sentado e com seu olhar ainda distante.

O pai de Akin fez como orientado. O corpo do garoto ficou completamente coberto por palhas.

– Se quiserem, podem ir descansar. Eu ficarei aqui – disse Joaquim.

– Vamos ficar aqui, senhor! Não deixaremos nosso filho até a hora da despedida – disse o pai de Akin.

– Façam como acharem melhor. Vocês são os pais. Mas acho que ainda é cedo para falar em despedida.

– Como assim, senhor Joaquim? – perguntou um tanto desconfiado o pai de Akin.

– Apenas acho isso – respondeu Joaquim, com seu olhar ainda distante.

Durante a madrugada, alguns escravos foram até o galpão para se despedir do jovem Akin. A pedido da jovem Lurdes, esposa do senhor do engenho, alguns levaram alimentos aos que ali estavam.

Naquela mesma madrugada, Lurdes foi até o galpão e abraçou os pais de Akin.

– Sinto muito por suas perdas. Que Deus conforte seus corações! – disse Lurdes, com lágrimas em seus olhos.

Passaram-se horas, já era quase dia. Na porta do galpão, um feitor vigiava os que ali estavam. Lá dentro, além do jovem Akin, que ainda tinha seu corpo coberto por palhas, estavam seus pais e Joaquim, que permanecia sentado em silêncio com seu olhar distante.

Joaquim às vezes andava em torno do jovem Akin, mas na maior parte do tempo ficou sentado ao lado do corpo.

Chegou a noite. Momento de iniciar o Culto aos Orixás. Diversos escravos estavam no galpão.

O feitor se afastou. Alguns não gostavam da forma como os escravos faziam suas práticas religiosas.

Antes de iniciar o culto, Joaquim orientou a todos:

– Peço a todos... Mentalizem nosso Orixá, Senhor das Almas. Nesta noite vamos cantar apenas a Ele.

E assim foi feito. Em forma de canto e batidas nos couros dos tambores, todos os que ali estavam louvavam uma imagem que fazia referência ao Orixá das Almas.

Joaquim não cantava, apenas andava em volta do corpo com um cajado em mãos. A cada volta, sempre que se aproximava da cabeça de Akin, batia o cajado contra o solo, e assim permaneceu por um bom tempo.

Mais tarde, o culto já estava por findar. Naquele momento, os pais de Akin estavam próximos ao corpo. Eles choravam, estava chegando o fim da despedida. Assim pensaram.

Joaquim sentou-se, parecia estar cansado, mas ainda tinha seu olhar distante. Pouco tempo depois, pediu que todos parassem de cantar e tocar.

O silêncio imperava, Joaquim olhou para o lado de fora do galpão, seu olhar estava à meia altura. Ele sorria. Em seus olhos havia lágrimas, parecia ver ou sentir a presença de alguém, coisa que outros ali não podiam ver ou sentir.

Naquele momento, Joaquim não sabia ao certo o que havia acontecido, mas pôde imaginar, pois era nítido o que ele via indo em direção ao corpo de Akin, que ainda estava coberto pelas palhas.

Todos ainda estavam em silêncio. Observavam Joaquim acompanhando algo com seus olhos cerrados. Em seguida, viram que Joaquim assentiu com a cabeça como se estivesse agradecendo alguém, mas não sabiam o que ele via.

Naquele momento, os pais do jovem Akin já não choravam, mas ainda estavam desamparados com a "perda" de seu único filho.

Pouco tempo depois, enquanto todos ainda estavam em silêncio e conformados, Joaquim, ainda sentado, bateu seu cajado sete vezes contra o solo, bem próximo da cabeça de Akin. E, naquele instante, todos ouviram:

– Sim! Eu aceito! – a voz vinha de dentro das palhas que cobriam o corpo de Akin.

O pai de Akin achou aquilo estranho. Custou para entender o que estava acontecendo. Mas a mãe, em seu instinto materno, sentiu a presença viva de seu filho.

De forma rápida, ela tirou as palhas que cobriam o corpo.

– Akin! – ela parecia não crer no que via. Puxou Akin e o abraçou.

– Akin! – era o pai quem falava de maneira desesperada. Ele também parecia não acreditar no que via, mas, mesmo assim, abraçou seu filho.

– O que aconteceu? – perguntou Akin, um tanto desorientado.

Seus pais nada responderam. Eles choravam abraçados a Akin.

Assim que os pais de Akin se acalmaram, Joaquim se dirigiu a ele:

— Sente-se bem, filho?

— Não sei ao certo — respondeu Akin, confuso. — Eu me sinto estranho. Como se meu corpo estivesse velho e cansado. Mas acho que estou bem, senhor Joaquim. O que aconteceu?

— Você não está velho. Ainda é um jovem de 15 anos! — Joaquim afirmou sorrindo. — Não se lembra de nada, filho?

— Não! Há pouco, eu estava separando o que seria colocado nas carroças, quando vi alguns escravos que haviam acabado de ser torturados pelos feitores. Eles vieram em minha direção! Estavam feridos!

— Escravos feridos? — indagou com ar de dúvida a mãe de Akin.

— Sim, minha mãe! — afirmou Akin e prosseguiu: — A senhora não se lembra? Um deles pediu minha ajuda, mas fiquei assustado com algo que não consigo lembrar agora e comecei a correr! De repente, comecei a sentir fraqueza. Foi então que caí.

— E depois? — perguntou Joaquim.

— Só lembro até esse momento, senhor Joaquim.

Joaquim ficou a pensar, refletindo sobre aquela pequena narrativa. Podia imaginar o que tinha passado, porém, não com tanta certeza, e havia um motivo para isso... O que aconteceu foi revelado somente a Akin. Onde e como foi revelado, Akin também não lembrava, pois foi apagado de seu mental. Até porque, o que iria acontecer anos depois já estava em sua essência, e foi apagado de seu mental justamente para que Akin pudesse sentir o que precisaria ser feito, e fazer por amor e vontade em ajudar... Não por sentir que era uma obrigação. Além do que, o astral achou melhor que aquele jovem não soubesse de tudo naquele momento. Quem iria garantir que Akin manteria seu equilíbrio e seria humilde o suficiente para não se vangloriar do que tinha acontecido?

Após refletir por um tempo, Joaquim se dirigiu ao jovem Akin:

— Bem, filho. Se não consegue se lembrar de nada, é porque realmente não era para ficar em seu mental em corpo físico. Mas, acredite... Seu espírito tem conhecimento do que foi feito — Joaquim falava de uma forma como se soubesse o que havia acontecido.

Naquele instante, Joaquim olhou em torno de Akin e concluiu:

— Mas não tenho dúvidas de que esteja bem — e começou a caminhar para sair do galpão.

– Joaquim! – era o pai de Akin quem o chamava. – O que aconteceu com nosso filho, senhor?

– O que deveria ter acontecido e fora planejado pelo astral dele – respondeu Joaquim e deu um leve sorriso.

– Como não consegui ver que ele estava vivo, senhor? – perguntou a mãe Akin.

– Não seria porque estava em desespero e não procurou sentir seus sinais vitais?

A mãe de Akin sorriu emocionada com o que ouvira. Sim, realmente, seu desespero foi tanto que, como Akin não abriu seus olhos quando ela o chamou, já pensou no pior. E, como o feitor não deixou ninguém se aproximar do corpo, todos pensaram o mesmo, menos Joaquim que, de longe, observava o cordão da vida ligado ao corpo daquele jovem.

Mesmo vendo que seu filho estava bem e consciente, a mãe de Akin ainda estava preocupada com o que acontecera.

– Mas por que demorou todo esse tempo para recobrar sua consciência, senhor? – perguntou a Joaquim. – Desde ontem, Akin parecia estar morto.

Joaquim deu alguns passos em direção aos pais, olhou para Akin, deu um lindo sorriso e respondeu à pergunta:

– Sinceramente, não sei ao certo o que aconteceu. E mesmo que tivesse certeza de tudo neste momento, não caberia a mim dizer, até porque, se aconteceu por obra divina, isso será um mistério entre Akin e seu astral. Cabe ao astral revelar o que aconteceu, não a mim! Porém, pai e mãe, uma coisa posso afirmar a vocês... Existem algumas coisas que não precisamos entender, mas, sim, agradecer!

Os pais de Akin deram um abraço em Joaquim e beijaram suas mãos.

– Obrigado, senhor Joaquim – agradeceram os pais de Akin.

– Não! Não agradeçam a mim – retrucou Joaquim. – Agradeçam ao nosso Criador Maior e aos nossos Sagrados Orixás! Fui apenas um instrumento para que tudo pudesse acontecer da forma planejada.

– Também somos gratos a Eles. Mas não podemos deixar de agradecer ao senhor, por trazer nosso filho de volta à vida – disse o pai de Akin.

Joaquim olhou para o pai de Akin e falou:

– E quem lhe disse que Akin estava morto? – discordou e sorriu. – Somente agradeça, filho. Agora, se me dão licença, meu corpo precisa de um pouco de repouso – e saiu do galpão.

Sim, Joaquim, de fato, não sabia ao certo o que havia acontecido, mas quando olhou Akin caído ao solo aparentando estar sem vida, pôde enxergar seu cordão espiritual ligado a seu corpo carnal, mas na outra ponta nada podia ver. Seu espírito parecia estar longe... Muito longe dos olhos carnais de Joaquim.

Durante o tempo em que Akin ficou desacordado, realmente aconteceu algo. Ali houve um desdobramento. Seu espírito foi direcionado para que pudesse receber conhecimento e informações do que estava para ocorrer. Por isso Joaquim desconfiava de algo. Tinha certeza de que aquele jovem não estava morto.

Quando aquele fato chegou aos conhecimentos do senhor daquele engenho, ele não ficou muito surpreso, pois tinha Joaquim como um verdadeiro curandeiro.

Depois daquele dia, Joaquim procurou ficar atento ao cotidiano de Akin. Por ter seu corpo cansado, ele sabia que sua jornada como escravo estava chegando ao fim, e, por isso, sentia que precisava fazer algo para que, de alguma forma, Akin continuasse a andar pelos caminhos de luz e aceitasse o que aconteceu enquanto permaneceu desacordado.

Mas algumas vezes fazemos escolhas, e por mais que Joaquim fizesse para ajudar, não adiantaria, pois, por causa de sofrimento, humilhações e por diversas vezes ver o sofrimento de outros escravos, sobretudo dos mais velhos, dentre outras coisas que estavam para acontecer, Akin escolheria seus próprios caminhos. E essa escolha, cedo ou tarde, faria com que Akin mudasse sua jornada, tanto em carne como em espírito.

Passaram-se alguns anos desde aquele fato com o jovem Akin, que já estava com seus 25 anos. Durante esse tempo, sua vida não foi diferente da dos outros escravos. Muita labuta nos trabalhos. O que fazia quando jovem, dos 15 aos 18 anos, aproximadamente, já não fazia parte de sua vida. Em vez de encher sacos com o que seria colocado em carroças para ser transportado, Akin era forçado a trabalhar em serviços pesados como muitos escravos.

Como começou nesses trabalhos ainda muito jovem, Akin era um dos escravos que adquiriu grande força física em seu corpo. Tanto que, muitas vezes, era preciso três a quatro homens para rendê-lo, em razão de sua força, corpo e altura.

Akin era um negro muito alto. Além disso, tornou-se grande mestre na dança dos negros. Dança essa que muitos usavam como forma de defesa quando eram atacados. E como Akin se tornou grande mestre nessa luta, ensinava até os pequenos. Porém, às vezes, utilizava da luta e de sua força física para se vingar dos feitores, mesmo sabendo que poderia sofrer consequências. Mas o prazer de agredir os que maltratavam os negros era maior que o medo de ser castigado. E como Akin muitas vezes fazia uso de sua força e corpo para se defender dos feitores, em certas ocasiões, ele trabalhava com suas pernas acorrentadas, pois sabia como se defender utilizando-as.

Mas, para entendermos exatamente o que aconteceu na vida desse grande Guardião, ninguém melhor do que o próprio Akin para narrar sua vida.

Palavras do Autor: Naquele momento, as palavras do Preto-Velho deixaram minha mente para dar lugar a outras. E, algum tempo depois, pude ouvir em meu mental alguém se dirigir a mim...

– Salve, meu caro! – era um Exu quem se dirigia a mim... Akin, o Guardião da Encruzilhada.

– Salve sua presença, senhor Exu!

– Está disposto a continuar ouvindo sobre minha vida?

– Sim, Guardião.

– Bem. Antes de continuar, quero deixar claro: algumas vezes ouvirá eu me referir como "velhos" a alguns dos negros que foram escravos, porém, não falarei isso de forma pejorativa, mas, sim, pela idade e pelo vasto conhecimento que carregam. Sempre os tratei assim, mas de maneira respeitosa. Outra coisa... Quando eu me referir à força física, não estarei falando a fim de me vangloriar a quem fui quando estive na carne. Ao contrário... Só quero mostrar que não adianta você ter força física e agir como um estúpido inconsequente!

– Estou ciente, meu Pai.

– Muito bem. Suas perguntas serão bem-vindas!

Sofrimentos. Fé em Decadência

Narrativa do Guardião Exu Sete Capas

Bem, durante os anos que transcorreram desde que fiquei desacordado por quase dois dias, coisas tristes aconteceram em minha vida. Meu pai, em virtude dos maus-tratos que sofria, deixou a vida na carne antes mesmo de chegar aos 60 anos. Minha mãe também já estava com uma idade bem avançada, logo seria dispensada como tantos foram. E, por causa desses fatos e sofrimentos que muitos ali passavam, comecei a perder minha fé naquilo que eu mesmo não sabia o que era, mas aceitei, por ser aconselhado por Joaquim e alguns outros.

Percebendo que eu estava deixando sentimentos ruins dominarem minha mente, Joaquim aproveitou um dos dias de Culto aos Orixás para falar comigo.

Ao término do culto, Joaquim me chamou.

– Filho, sente-se aqui à minha frente.

Joaquim ficou com seus pensamentos distantes por algum tempo. Em seguida, perguntou:

– O que aflige seu coração, filho?

– Não é nada, senhor – respondi cabisbaixo.

– Quem responde cabisbaixo é porque está incerto de sua resposta – afirmou Joaquim.

– Sinceramente, senhor, não aguento mais esta vida. Não vejo motivos para continuar tendo fé! Perdi meu pai, sei que logo ficarei longe de minha mãe também! Além disso, não consigo entender todo esse sofrimento. Já não sei mais o que fazer. Minha vontade é acabar com cada um desses miseráveis sem almas – minhas palavras realmente demonstravam pouca fé, mas muito ódio contra os feitores e o senhor do engenho.

– Ficou louco, Akin? – Joaquim perguntou, sem acreditar no que ouvira. – Não adianta ter força física e agir com estupidez, filho! Por que não usa sua força com sabedoria como já faz, ajudando os que já têm seus corpos cansados em seus serviços pesados?! Se não sabe o que fazer quanto à sua vida, continue com sua fé – disse Joaquim.

Fiquei cabisbaixo. Não disse nada sobre o que ouvi. Joaquim prosseguiu.

– Posso supor que, assim como muitos, também pergunta o porquê de todo esse sofrimento, sem que façamos nada para merecer... Não é mesmo?

Ainda abatido, apenas assenti com a cabeça, concordando com o que Joaquim dissera.

– Não deve pensar dessa forma, filho. Está afastando de si a única certeza que temos!... A de que nossos Sagrados Orixás olham por nós.

– Às vezes me pergunto se realmente eles olham por nós, senhor – eu disse, já com pouca fé.

Joaquim calou-se por alguns segundos e pensou. Em seguida, de forma irônica, se dirigiu a mim.

– Sim! Talvez você tenha razão. Quando Lurdes, a companheira do dono deste engenho, foi acometida por aquela força negativa, fui eu quem a curou! Quando um de nossos irmãos foi açoitado quase até a morte, não foi Deus nem os Orixás quem o curaram. Foi Barnabé! Curou nosso irmão sem a ajuda de ninguém. Quando uma de nossas irmãs estava a ponto de ceifar a própria vida, fui eu quem disse aquelas palavras de conforto a ela. Não fui intuído por ninguém. Porque sou um "Deus" e sei de tudo... É essa a verdade que tem dentro de si, filho? – Joaquim não estava calmo, mas se conteve diante de tal situação. – Não seja tolo, Akin! Não somos nada sem Eles! Se sofremos aqui é porque existe um motivo. Seja pela Lei de Deus ou pela ganância do homem. Mas que existe, existe... E não cabe a mim ficar questionando meu mental para entender tal situação. Ao contrário... Faço minhas preces, tento buscar forças naqueles que, por mais que soframos, sempre estarão ao nosso lado. Sinto que, de alguma forma, seremos beneficiados por todo esse sofrimento, neste plano ou em outro.

Ainda estávamos no século XVIII. Nenhum ser humano poderia imaginar que, um dia, os que foram escravos ajudariam outros, mesmo estando em espírito. Mas Joaquim, em sua imensa fé e sabedoria, sentia que, de alguma forma, os escravos seriam agraciados por tudo o que acontecia. Até porque Joaquim tinha muito contato com os Orixás, principalmente por meio de sonhos.

Joaquim prosseguiu...

– Acha que tudo o que aconteceu em sua vida foi por mero acaso?!... Ainda acredita que realmente teve apenas um mal súbito quando tinha seus 15 anos?!

– Não sei o que responder, senhor Joaquim — eu ainda estava cabisbaixo.

– Pois eu sei! E afirmo: aquilo não foi apenas um mal súbito. Seu espírito ficou fora de seu corpo por quase dois dias. Para onde foi? Não sei. Mas posso afirmar que foi isso o que aconteceu naquele dia, pois Deus permitiu que eu visse seu cordão da vida. Ele estava ligado ao seu espírito durante o tempo em que permaneceu desacordado – Joaquim não me dava tempo de responder ou fazer perguntas. Dava a entender já tê-las em seu mental. – Por que isso aconteceu? Porque Deus tem uma missão para você. Por que os "escravos" açoitados foram ao seu encontro? Isso é um dom seu, filho! E não cabe a mim querer dizer ou desvendar seus dons. Até porque, se isso ainda não lhe foi revelado, creio que o motivo seja por sua idade e pouca maturidade. Você precisa amadurecer para ter certeza de algumas coisas. Mas seu espírito não. Tenho certeza de que algo foi revelado a você durante o tempo em que ficou fora de seu corpo. Ainda me lembro do que disse assim que seu espírito voltou: "Sim!... Eu aceito!"... Não foi isso o que falou naquele dia, Akin? – Joaquim perguntou de forma séria a mim.

– Bem, segundo todos os que estavam presentes, e até mesmo meus pais, foi isso mesmo o que eu disse. Mas não sei o porquê daquelas palavras, senhor.

– Não precisa saber agora, filho. Apenas aceite a verdade que existe em seu espírito e sua própria escolha. Se assim o fizer, não tenho dúvidas de que terá uma linda missão, agora e em um futuro distante.

Joaquim calou-se por alguns segundos, em seguida se levantou, caminhou vagarosamente até mim, abraçou-me de forma afetuosa e, após olhar por algum tempo em meus olhos com a ternura de um pai, disse:

– Filho, peço desculpas se em algum momento me excedi, mas só estou fazendo o que sinto ser meu dever e atendendo ao pedido de seu pai, antes de deixar a carne: "Cuide de Akin! Faça dele um grande homem!". Esse foi o pedido que seu pai fez a mim. E é o que estou tentando fazer. Mas não depende somente de mim. Você também precisa querer e aceitar, pois um dia não estarei mais aqui para auxiliá-lo, mas tenho certeza de que outros negros mais velhos poderão fazer isso por mim. Porém, da mesma forma, você precisa aceitar!

As palavras de Joaquim fizeram realmente sentido para mim, pois, a partir daquele dia, comecei a analisar tudo o que aconteceu em minha vida. Sim, entendi que o fato de meu espírito ter saído de meu corpo por quase dois dias não foi por acaso. Passei a sentir que tudo tinha um porquê. E, mesmo sem saber o que estava destinado a mim, comecei a trabalhar para que meu mental não me dominasse. Não queria mais deixar o ódio consumir minha alma. Estava disposto a aceitar minha vida como escravo até que a Lei Maior me direcionasse a novos caminhos.

Depois daquele dia, passei a ficar por mais tempo ao lado de Joaquim e dos mais velhos. Junto a eles, aprendi a como iniciar o Culto aos Orixás, suas louvações, a forma de saudá-los, a magia das ervas e o principal: a cura do espírito por intermédio dos Orixás. Sim, tive de absorver esses conhecimentos, saber quando alguma pessoa estava tomada por forças negativas por causa de ritos de magia negra ou pelo fato de um espírito vingativo voltar-se contra ela, pois ainda que não soubesse, teria de usá-los.

Mas, apesar de não compreender bem, eu sentia que deveria aprender. Esse era o sentimento que meu espírito transmitia a mim, mesmo ainda sem eu saber o que havia acontecido.

Tempos depois, eu já era outro ser. O ódio já não me consumia. Ainda por volta dos meus 25 anos, cheguei a iniciar alguns Cultos aos Orixás, sentia forças presentes em meu espírito, gostava de cantar e dançar junto a outros negros e, a cada dia, minha fé e vontade em ajudar crescia... Era como se eu carregasse grandes conhecimentos, e algo parecia estar oculto há séculos dentro de mim.

De certa forma era isso. O que acontecia era que tudo o que fora mostrado quando meu espírito deixou o corpo carnal estava vindo aos meus conhecimentos de maneira gradativa. Sim, Deus e os Seres de Luz em suas imensas sabedorias sabem o que fazem. Acharam melhor deixar que eu fosse enxergando minha verdade aos poucos, pois era nítido que aquele jovem com apenas 15 anos, com ódio plantando em seu peito, não iria aceitar tal missão. Por isso, tudo começou a ser revelado anos depois.

– Então, mais ou menos aos 25 anos, veio a verdade sobre o que aconteceu quando o senhor ficou desacordado por quase dois dias? – perguntei ao Guia.

– Mais ou menos. Tudo foi muito bem planejado por Deus e por suas Forças Divinas para que eu seguisse pelos caminhos corretos. E o que estava para acontecer faria com que eu aceitasse ainda mais minha verdade... Mas não por muito tempo.

O Oculto Começa a Ser Revelado

    Algum tempo passou, Joaquim já tinha seu corpo muito cansado em razão dos trabalhos como escravo. Sua aparência demonstrava mais do que sua idade real. Porém, mesmo estando velho e cansado, o senhor do engenho o manteve ali por mais tempo. Não para que fizesse trabalhos escravos, mas, sim, por conta do dom da cura que Joaquim carregava.

    Tanto que, naquele engenho, no final de sua vida como escravo, Joaquim tinha permissão para ensinar a outros tudo o que aprendera sobre a crença religiosa que todos eram obrigados a seguir naquela época. Contudo, como tinha a confiança do senhor do engenho e ensinava a outros distante dele, Joaquim seguia as instruções dos Orixás. Além disso, da forma que fazia e com as imagens que usava, quem via de longe não tinha dúvidas de que todos seguiam conforme ordenava o dono do engenho. Mas Joaquim, na verdade, trazia aos nossos conhecimentos tudo o que sabia sobre nossos sagrados Orixás.

    Em uma das noites de Culto aos Orixás, a maioria dos escravos ainda estava reunida no galpão. O culto já havia terminado, mas alguns conversavam. Eu estava com eles. Aquele seria o dia em que eu aceitaria ainda mais a minha verdade.

    Os escravos ainda conversavam dentro do galpão, eu estava junto, quando o senhor do engenho chegou de forma desesperada e foi ao encontro de Joaquim.

– Joaquim, preciso da sua ajuda. Rápido!

Joaquim já sabia o que estava acontecendo para que o senhor do engenho estivesse daquela forma... Mesmo assim, fingiu não saber.

– Acalme-se, meu senhor! O que o senhor tem? – perguntou Joaquim.

– Não é comigo. É com Lurdes, minha esposa, Joaquim. Está acontecendo novamente. Venha comigo, por favor!

– Acalme-se, senhor. Estou muito velho. Não consigo andar tão rápido para ir até lá. Se não houver problemas, traga-a aqui, por favor.

Sim, Joaquim não falou a verdade ao dizer que não poderia ir até a casa do senhor do engenho. Também... Como ele iria fazer invocações na presença de outros que não seguiam o Culto aos Orixás?

O senhor do engenho não pensou duas vezes. Não estava nem preocupado em levar sua companheira ao local onde os negros faziam seus rituais aos Orixás, pois muitos tinham receios.

– Rápido! Vamos buscá-la! – ordenou o senhor do engenho ao feitor que estava ao seu lado.

Assim que o senhor do engenho saiu com o feitor, Joaquim pediu a todos os escravos que deixassem o galpão. Apenas eu fiquei ao seu lado.

– Filho – era Joaquim quem se dirigia a mim –, minha jornada como escravo está chegando ao fim. Logo não estarei mais aqui. Por isso, atente ao que vou falar, antes que eles voltem. Seja qual for o motivo, faça o que for preciso para ajudar Lurdes, a companheira de nosso senhor. O que acontece com ela não cabe a mim, nem a ninguém julgar, até porque o julgamento pertence somente ao nosso Pai Maior! Mas, se Ele permitiu e permite que continuemos a ajudá-la, é porque existe um motivo. E, como não sabemos ao certo o que é, só nos cabe continuar. Compreendeu?

– Sim, senhor Joaquim! – concordei, mesmo sem entender plenamente.

– Ótimo! Peço que peça equilíbrio aos Orixás, filho. Creio que vou precisar da sua ajuda.

– Minha ajuda? – perguntei preocupado. – Mas, e se ela estiver como da outra vez? Eu ainda era pequeno, mas me lembro exatamente do que aconteceu... Até corri para não ficar perto dela – sim. Tive medo do que vi.

– Bem, não sei o que está acontecendo neste momento com nossa senhora, mas seu companheiro veio pedir minha ajuda, e eu não vou negar. Mas não sei se conseguirei ajudá-la. Meu corpo está muito cansado por causa da minha idade. Por isso vou precisar de seu auxílio. Ou vai deixar um velho fazer isso sozinho? – Joaquim perguntou com um leve sorriso em sua face.

Joaquim sabia que poderia ajudar, mas disse aquilo para ver como eu agiria diante de tal situação. Além disso, Joaquim também precisava ter uma certeza... Se eu tinha fé o suficiente para clamar pelo Orixá da Cura e se esse dom estava em meu espírito.

Naquele momento, fiquei cabisbaixo. Sentia que poderia ajudar, estava em minha essência, mas não sabia como.

– Tudo bem, senhor Joaquim. Mas o que farei para ajudar?

– Primeiro: assim que nosso senhor chegar com Lurdes, vou pedir para nos deixar a sós com ela. Acredito que ele aceitará. Se isso acontecer, peço que siga minhas orientações, e, em seguida, fique em prece. Segundo: caso eu precise de sua ajuda, irei orientá-lo no que fazer. Terceiro e muito importante: não tire seus olhos de mim. Seja qual for a pergunta que eu faça, para quem quer que seja, não responda. A menos que eu mencione seu nome... Compreendeu, Akin? – Joaquim já estava sério.

– Sim – respondi já com medo do que iria acontecer.

Alguns minutos depois, vi o senhor do engenho entrando às pressas no galpão. Em seguida, entrou um feitor. Ele carregava em seus braços uma jovem. Ela tinha mais ou menos 25 anos. Era Lurdes, a esposa do senhor do engenho.

Percebi que atrás deles havia mais alguém. Eu não consegui ver direito, mas Joaquim sabia quem era aquele Ser. Na posição em que eu estava, só consegui ver que as pernas dele eram negras e havia marcas de sofrimentos.

Naquele momento, já com medo, olhei para Joaquim. Só iria desviar meu olhar caso ele pedisse.

– Rápido, homem. Leve-a para Joaquim – pediu de forma desesperada o senhor do engenho ao feitor.

Joaquim estava sentado. Tinha feição de já saber o que acontecia.

— Onde posso colocá-la? — perguntou o feitor meio desesperado.
— Deite seu corpo sobre essas palhas, meu senhor — pediu Joaquim.
O feitor fez como orientado.

Naquele instante, Joaquim olhou para Lurdes, que já estava deitada sobre as palhas. Viu que sua respiração estava ofegante, como se estivesse sendo sufocada. Parecia estar sofrendo um mal súbito.

Ciente do que estava acontecendo, Joaquim pediu ao senhor do engenho:
— Senhor! Peço que volte para seu lar e fique em prece.
— Não! — retrucou o senhor do engenho. — Vou ficar aqui! Não vou deixá-la!
— Senhor, não há o que fazer aqui. Se quer ao menos que tentemos que ela fique bem, volte para o seu lar e permaneça em prece. Quanto mais orarmos por nossa senhora Lurdes, melhor será.
— Mas, e se ela morrer? Não posso deixar que isso aconteça! Se o senhor não conseguir ajudá-la, terei de ir em busca de algum médico que possa ajudar. Mas acho que somente o senhor pode ajudar Lurdes — o senhor do engenho estava desesperado.
— Se ela tiver que deixar a vida na carne, nada poderemos fazer, até porque todos têm sua hora. Mas, se a hora de sua companheira não for agora, estamos caminhando para que seja, pois da forma em que se encontra, não tenho dúvidas de que irá morrer se não fizermos nada. Peço novamente: vá para seu lar e fique em prece, senhor!

Joaquim sabia o que estava falando e com quem iria falar. Então, insistiu em suas palavras, pois, caso o senhor do engenho descobrisse o porquê daquela situação que perseguia Lurdes há anos, certamente entraria em pânico.

Não havendo saída, e como confiava em Joaquim, o senhor do engenho não teve escolha.
— Vamos deixá-los sozinhos — ordenou ao feitor.

Assim que eles saíram do galpão, Joaquim se dirigiu a mim.
— Filho — disse, olhando para mim —, cubra o corpo dela com as palhas.

Meu Deus! — clamei em minha mente. Eu já podia imaginar por que Joaquim não queria que eu tirasse meus olhos dele.

Fiz como Joaquim pediu. Cobri com palhas o corpo de Lurdes. Ele prosseguiu...

– Agora, direcione uma de suas mãos para o coração dela; a outra direcione para aquela imagem – era uma imagem que fazia referência ao Orixá das Almas. Ela estava entre outras imagens em um pequeno altar de barro, feito pelos escravos daquele engenho. – Agora, peço que fique em prece mentalizando nossos Orixás. Não tenha medo! E não se esqueça do que lhe falei. Somente responda caso eu me dirija a você.

Curvei minha cabeça, fechei meus olhos e fiquei em prece. Mas também com medo. Naquele momento, ouvi Joaquim se dirigir ao que havia entrado junto ao feitor, quando ele trazia Lurdes em seus braços.

– Pelo visto, nunca irá desistir de sua injusta batalha, não? – perguntou Joaquim.

– Nunca! Só vou desistir quando acabar com aquele maldito dono deste engenho e com essa raça miserável de feitores – quem falava era um ex-escravo. Mas, ali, ele já estava em espírito. Era ele quem irradiava de forma negativa para que Lurdes ficasse sufocada. Sim. Além de eu ter visto suas pernas, eu podia ouvi-lo também.

Em decorrência das torturas pelas quais passou, aquele escravo não aguentou. Morreu horas depois do seu último encontro com o açoite. Foram tantas chicotadas que suas costas ficaram em carne viva. Assim fiquei sabendo tempos depois pelos mais antigos. E, por causa disso, ele carregou em seu espírito todo ódio que tinha em vida na carne. Principalmente do dono do engenho e de um dos feitores.

Joaquim continuou a dialogar com aquele Ser em espírito:

– Mas a culpa do que aconteceu não é dela! Está fazendo com que uma pessoa inocente pague pelo que não fez. Sabe que poderá ser cobrado por isso, não sabe?! – Joaquim era firme em sua forma de falar com aquele Ser.

– Pouco me importa se serei cobrado ou não. Vou fazer aquele sem alma pagar por tudo o que fez. Maldito! Açoitou meus filhos. Viu que um dos seus abusou de minha companheira e nada fez. Torturaram minha carne até a morte. Ah! Eu jurei que aquele maldito irá pagar. Farei isso da pior forma possível.

Enquanto tentava mudar os pensamentos daquele espírito, Joaquim mentalizava o Orixá das Almas para que Ele irradiasse sobre o espírito de Lurdes, mantendo-a viva. Quanto a mim, continuava de cabeça baixa... Eu tinha medo de ver espíritos.

Mesmo mentalizando o Orixá das Almas, Joaquim conseguia dialogar com aquele Ser...

– Está pensando de forma errada. Fazer o mal a esta jovem não irá ajudá-lo em nada! Pelo contrário... Fará com que seu espírito afunde ainda mais... Por que não pensa em evoluir para seguir novos caminhos dentro da Lei? – Joaquim ainda tentava ajudar aquele Ser.

– Evoluir? Estou pensando de forma errada? – perguntou aquele Ser, e gargalhou. – O senhor só pode estar brincando mesmo, não? Como quer que eu pense, depois de tudo o que passei? – gritou. – Não vou procurar novos caminhos! E pode ficar tranquilo que também não vou levar essa jovem à morte. Não sou tão idiota assim. Sei que posso pagar se a induzir a isso... Ahhh! Um dia vou cobrar tudo daquele miserável – falava do senhor do engenho. – Mas, antes, vou fazer com que se torture, vendo sua companheira em apuros, sem nada poder fazer para ajudá-la – novamente ele gargalhou. Em seguida, olhou para Lurdes e continuou a irradiar de forma negativa contra ela.

Joaquim viu que, por mais que tentasse orientar aquele espírito, não adiantaria. Já havia tentado outras vezes e o resultado era sempre o mesmo. Ele não se rendia aos conselhos de Joaquim.

Como viu que aquele Ser não iria escutar, Joaquim decidiu agir em prol de Lurdes. E, naquele momento, ainda sentado em seu banco de madeira, Joaquim pegou seu cajado e começou a batê-lo contra o solo na direção do espírito que irradiava contra a mulher. Em seu mental, Joaquim mentalizava o Orixá das Almas. Mas não o mesmo que pediu para que eu mentalizasse minutos atrás para proteger o espírito de Lurdes. Naquele instante, Joaquim clamava pelo Orixá detentor do poder sobre as almas em desequilíbrio. Aqueles que desencarnaram e continuaram a praticar suas maldades em espírito e que, de alguma forma, precisam que seus espíritos sejam esgotados de suas negatividades.

Joaquim não sabia se aquele era o momento de esse espírito ser direcionado pela força daquele Orixá. Mas, mesmo assim, decidiu usar suas "armas" e conhecimentos para ajudar Lurdes.

Joaquim continuava a clamar pelo Orixá. Com sua mão esquerda batia o cajado contra o solo; a mão direita ele direcionava para uma das imagens que estavam no altar de barro. Segundos depois, uma força começou a irradiar naquele local. A força de um Orixá já estava presente e iria agir em prol de Lurdes.

A força concentrou-se próximo às palhas e, em poucos segundos, fachos de luzes começaram a irradiar sobre Lurdes. Apenas Joaquim podia vê-los.

Perto do espírito Trevoso, uma força também se apresentou, porém, como algo escuro, uma passagem para um "mundo inferior" que parecia não ter volta. E se tivesse, talvez seria algo que aconteceria anos ou séculos depois... Assim viu Joaquim.

Com medo e ciente do que poderia lhe acontecer, aquele espírito Trevoso deu alguns passos para trás, olhando para aquela força à sua frente.

Ele iria fugir, mas, antes, ofendeu Joaquim.

– Seu velho miserável! – e lançou-se para longe dali. Sumiu em uma fração de segundos.

Ciente de que aquele espírito negativo não estava mais ali, Joaquim se dirigiu a mim:

– Já pode abrir seus olhos, filho.

Já de olhos abertos e um tanto temeroso, perguntei:

– O que era aquilo, senhor Joaquim? Que força era aquela? – eu estava pasmo.

– Era um espírito que habitava a escuridão. Mas isso não importa agora. Temos de ajudar nossa senhora.

– E o que faremos, senhor?

– Não sei! – omitiu Joaquim. – Não sente nada próximo a si?

– Sinto algo estranho, mas não ruim como aquele Ser emanava.

– Isso mesmo! O que sente é a força do Orixá da Cura. Seus clamores fizeram com que essa força aflorasse. Agora, precisa fazer algo para que ela livre nossa senhora da irradiação negativa que está em seu espírito.

– Eu? Fazer algo? – perguntei apavorado.

– Filho, tire as palhas que estão sobre o rosto de Lurdes. Agora, tire as que estão sobre o peito dela... Está vendo como sua respiração está ofegante? A resposta para sua pergunta é sim! Você terá de fazer algo. Ou deixará que o desencarne desta jovem venha, sem ao menos ter tentado ajudá-la? Eu não posso fazer nada. A força não está ao meu lado. Está perto de você!

Joaquim sabia o que estava fazendo. Sentia que não ocorreria nenhum desencarne ali, mas agiu daquela forma para que eu fizesse algo. Com isso, eu acreditaria ainda mais na verdade que estava em meu espírito.

Eu ainda estava temeroso. Percebendo isso, Joaquim resolveu dizer algo para que eu tomasse uma decisão.

– Filho, se acha que não consegue ajudá-la, peço que fale. Eu tentarei fazer algo, mas não sei se seria capaz. Porém, de uma coisa tenho certeza... Você pode fazer algo por esta jovem. A menos que não queira!

Olhei para Lurdes. Ela ainda sofria com a força negativa presente em seu espírito. Sua respiração permanecia ofegante. Parecia que iria morrer.

– Senhor – eu me dirigi a Joaquim –, preciso de orientações. Ela vai morrer! O que eu faço? – estava apavorado.

– Quer orientações? – perguntou Joaquim, de forma tranquila.

– Sim!

– Pois, então, feche seus olhos e peça orientação à força presente ao seu lado... É ela quem irá ajudá-lo, não eu.

Não tive escolha. Tinha de agir rápido. Então, fechei meus olhos, direcionei minhas mãos acima do peito de Lurdes, clamei pelo nome do Orixá que irradiava forças naquele momento e pedi:

– Senhor Orixá, ela vai morrer! Precisa de ajuda. Por favor, Senhor! – pedi de forma desesperada ao Orixá.

Palavras do Preto-Velho Barnabé: "Engana-se quem pensa que Deus e suas Forças Divinas escutam apenas pedidos com palavras deslumbrantes. O que importa para o Grande Criador é nossa vontade em ajudar, o que vibra em nossa alma, nossa fé, mesmo sabendo que muitos não podem ver suas Forças Divinas, pois a fé também está naquilo que muitas vezes não podemos ver, mas podemos sentir. E Akin podia sentir a força ali presente, porém, não podia ver, nem tinha palavras deslumbrantes. Mas teve fé!"

Eu ainda estava de joelhos pedindo por ajuda, quando senti forças irradiando atrás de meu corpo.

Não podia enxergar o que era, mas Joaquim viu que a força ali presente tomou a forma de um espírito de luz. Ele direcionou suas mãos em minha direção e irradiou forças.

Comecei a sentir forças tomando meu corpo, sobretudo meus braços, mas ainda não sabia o que fazer. Porém, Joaquim estava atento.

– Filho, direcione uma de suas mãos para o coração de Lurdes e a outra, um pouco acima dos olhos dela... Agora, apenas vibre de forma positiva. Não tenha medo! Deixe que a força presente tome conta da situação.

Fiz como orientado. Não conseguia ver, mas sentia a força tomando meus braços. Ela saía do espírito de luz que estava atrás de mim, passava pelo meu corpo e ia ao encontro do corpo espiritual de Lurdes. Assim disse Joaquim.

Algum tempo depois, entrei em desespero. Havia acontecido algo. O espírito de Lurdes saiu de seu corpo, mas eu não vi, pois estava de olhos fechados. Notei que a respiração dela ficou lenta, então pensei no pior: "Meu Deus! Ela vai morrer aqui na minha frente!".

– Joaquim, ela está parando de respirar. Ela vai morrer, senhor – eu estava apavorado.

– Acalme-se, filho. Ela está bem! Confie no que digo – afirmou Joaquim calmamente.

Sim, Joaquim pôde ver o espírito de Lurdes saindo do corpo dela e sendo envolvido por uma forte luz. Em seguida, sumiu repentinamente, mas Joaquim podia ver o cordão da vida ligado ao corpo de Lurdes.

– Continue a vibrar, filho! Não perca sua conexão com a força aqui presente.

Mesmo temeroso com tal situação, tentei ao máximo me manter calmo. Precisava fazer algo para ajudar aquela jovem.

Mais tarde, Joaquim viu o espírito de Lurdes voltando ao corpo da mulher. Eu continuava a vibrar e a pedir pela cura dela, quando percebi que, aos poucos, ela voltou a respirar normalmente.

Ciente de que Lurdes já estava bem, Joaquim orientou-me:

– Filho, vá e chame nosso senhor. Ele precisa estar próximo quando ela voltar a si.

Corri até a casa. O senhor do engenho estava em um pequeno cômodo do lado de fora. Ali havia um altar, onde ele fazia preces.

– Senhor! Rápido! Sua companheira está recobrando os sentidos – disse a ele.

Ele fez o sinal da cruz em agradecimento e, em seguida, se levantou rapidamente.

– Vamos! – ele ordenou a um feitor que estava próximo.

Em pouco tempo, já estávamos de volta ao galpão.

– Ela está bem? – perguntou o senhor do engenho. Ele estava meio temeroso.

– Creio que sim – respondeu Joaquim.

Naquele momento, Lurdes abriu os olhos...

– O que aconteceu? – perguntou Lurdes, um tanto desorientada.

– Minha senhora teve um mal súbito – omitiu Joaquim.

Com dificuldade, Lurdes se levantou e ficou ao lado de seu companheiro.

– Mal súbito? – perguntou ainda sem entender.

– Sim! – era o senhor do engenho quem falava. – A serviçal veio me avisar que você estava caída! Quando cheguei, vi que não conseguia respirar, então resolvi pedir ajuda a Joaquim.

Lurdes refletiu por alguns segundos. Algo parecia estar em sua mente.

– Acho que estou me lembrando. Sim! Eu estava bem, mas me deitei um pouco para descansar. Adormeci e tive um sonho estranho. Um homem estava me perseguindo. Então, acordei assustada. Foi aí que comecei a me sentir sufocada. Tentei correr para pedir ajuda, mas não consegui, parecia estar perdendo meus sentidos, mas consegui ver um de seus homens me carregando até aqui.

Joaquim estava atento à narrativa. Sabia o que havia acontecido quando Lurdes ficou desacordada, mas decidiu perguntar para que eu ouvisse e aceitasse de vez a minha verdade.

– Senhora... Me permite fazer uma pergunta?

– Claro, senhor Joaquim! O que deseja saber?

– Como era o homem que a perseguia em seu sonho?

– Não sei ao certo, senhor Joaquim. Mas ele não me era estranho... O que acho mais esquisito nisso tudo é que parece que já sonhei com ele outras vezes.

– Compreendo... E viu mais alguma coisa após ter visto um dos homens carregando o seu corpo?

– Não. Acho que depois disso perdi todos meus sentidos... Só me lembro de ter tido outro sonho estranho.

– Seria muito eu pedir para narrar esse sonho?

– Claro que não, senhor... Bem, não estou certa, mas vi pessoas ao meu lado. Eu estava deitada em um local onde havia diversas camas. Pude ver outras pessoas deitadas também. Ao meu lado e ao lado dos outros que estavam deitados, havia outras pessoas. Acho que eram médicos. Eles pareciam cuidar de nós... Eu me sentia muito bem junto a eles.

– Alguns usavam vestes brancas e tinham seus corpos envoltos por luz? – perguntou Joaquim.

– Sim! Como sabe disso, senhor Joaquim? – Lourdes perguntou surpresa.

– No estado de inocência em que estava, é normal sonhar essas coisas – Joaquim omitiu para não entrar em detalhes, até porque o companheiro de Lurdes parecia estar desconfiado. – Senhora, procure repousar. Mas, antes, faça uma prece e peça que Deus a proteja – Joaquim orientou Lurdes.

– Sempre faço minhas preces, senhor Joaquim. Por que está pedindo isso? – Lurdes perguntou desconfiada.

– Fazer preces nunca é demais, minha senhora. Não é mesmo? – Joaquim respondeu e deu um leve sorriso para Lurdes.

– Sim. É verdade – Lurdes concordou e sorriu. – Bem, acho que vou aceitar seu conselho, Joaquim.

O senhor do engenho estava realmente desconfiado.

– Leve-a para poder repousar – pediu ao feitor que estava próximo a nós.

Assim que o feitor saiu com Lurdes, o senhor do engenho se dirigiu a Joaquim.

– Por acaso está escondendo algo, Joaquim?

– Por que pergunta isso, meu senhor? – Joaquim perguntou com seu olhar sereno. Aquele sábio tinha experiência em como sair de algumas situações.

– Por conta das perguntas que fez. Além disso, o senhor parece saber o que aconteceu – afirmou o senhor do engenho.

– Meu senhor, apenas fiz as perguntas para saber se sua senhora estava bem de suas faculdades mentais.

– E essas pessoas de branco envoltas por luz, quem são? – perguntou de forma séria o senhor do engenho.

– Não faço ideia, meu senhor. Mas o branco representa paz. Logo, sua companheira ficou em paz, pois o senhor e nós pedíamos por ela. Não é verdade? – Joaquim sabia que o espírito de Lurdes fez uma rápida viagem ao plano espiritual para seu espírito ser curado. Mas era óbvio que não afirmaria isso. A viagem foi rápida aos nossos olhos carnais, mas para o espírito de Lurdes, acreditem, foi uma longa viagem.

– E por que pediu para que ela fizesse preces? – perguntou desconfiado o senhor do engenho.

– Porque isso faz bem para todos nós, meu senhor. A prece é uma das maneiras de nos aproximarmos de Deus. Eu também devo fazer as minhas, assim como o senhor, o jovem Akin e todos que aqui vivem. Devemos sempre estar buscando a Deus, pedindo proteção, sabedoria e perdão pelos nossos atos. Afinal, não é isso o que aprendemos?

Mesmo desconfiado, o senhor do engenho concordou:

– O senhor está certo. Eu agradeço por sua ajuda – e voltou para junto de sua companheira.

Palavras do Preto-Velho Barnabé: "É desta forma que inúmeros Guias de Luz agem hoje em dia. Em alguns casos, em vez de dizer que uma pessoa está sendo cobrada por algo que fez de errado, nesta ou em outras vidas, orientam quanto ao que fazer, direcionando sem mencionar o real motivo de suas mandingas dentro da Lei. Isso se dá porque se uma pessoa souber que está sendo cobrada, pode entrar em desespero e é possível que cometa loucuras... E Joaquim não tinha dúvidas de que o senhor do engenho entraria em desespero caso soubesse que um espírito Trevoso estava fazendo aquilo. Ainda mais com sua companheira, que não foi culpada de nada".

Assim que o senhor do engenho saiu, Joaquim olhou para mim. Ele fez uma feição como se estivesse certo sempre que falava sobre a verdade oculta em meu espírito...

– Preciso dizer alguma coisa, filho?

Cabisbaixo, respondi:

– Não, senhor Joaquim. Depois do que aconteceu e de tudo o que ouvi, estou certo de que existe uma verdade em meu espírito. E se nosso grandioso Criador deixou essa missão a mim, seguirei com ela.

– Muito sábio de sua parte pensar assim, filho. E espero que realmente continue com esses pensamentos. Às vezes, a única forma de descobrirmos o que o futuro nos reserva é continuar com nossa fé, por mais que estejamos em sofrimento. Não se esqueça disso.

Iria demorar muito. Mas eu iria ouvir novamente tais palavras desse mesmo sábio.

Joaquim me orientou e ficou em silêncio por um tempo. Parecia prever algo que estava para acontecer.

Algum tempo depois, Joaquim prosseguiu:

– Filho, guarde bem o que vou dizer agora... Nunca subestime os que habitam na escuridão! Assim como os espíritos de luz, muitos deles carregam sabedoria, porém, usam-na para fazer maldades. Além disso, eles também têm o dom de desviar nossos caminhos, caso estejamos em desequilíbrio. Alguns, inclusive, aproveitam-se dos nossos pontos fracos para tal ação. Sei que nos causa mágoa ver outros sendo açoitados, mas nada podemos fazer a não ser pedir sabedoria ao nosso Criador para suportarmos esses terríveis momentos. Nunca se esqueça disso, filho!

– Guardarei suas palavras, senhor.

– Fico feliz em saber, pois, como disse antes, logo não estarei mais aqui para auxiliá-lo. Mas tenho certeza de que um dia nos reencontraremos em algum lugar deste vasto mundo. E não tenho dúvidas de que ainda existam verdades ocultas em seu espírito.

Palavras do Preto-Velho Barnabé: "A distância entre o amor e o ódio é muito curta. Caso Akin tivesse realmente seguido os conselhos, poderia até cair na linha do ódio, mas teria forças para voltar... Mas algumas coisas em nossas vidas acontecem por causa das nossas escolhas... Podemos cair em desequilíbrio? Sim! Mas se tivermos fé e sabedoria, teremos forças para voltar ao nosso equilíbrio. Pois se continuarmos do lado oposto ao amor, continuaremos em desequilíbrio e, seguido dele, vem o ódio, do ódio vem o desejo de vingança e, com esse desejo em nossa alma, podemos cometer atos que jamais imaginaríamos ser capazes... E foi o que aconteceu com Akin".

Tempos depois, Joaquim foi dispensado. Além de não poder mais ser mantido como escravo, ele estava doente, e o senhor do engenho não permitia que escravos nessas condições permanecessem ali. Então, usou a fraqueza de Joaquim para dispensá-lo.

Mas nosso Criador foi misericordioso com Joaquim, pois, assim que fora dispensado, encontrou um lugar de paz para viver ainda na carne.

Depois que Joaquim foi dispensado, eu procurava sempre ficar próximo dos mais velhos. Alguns carregavam grande sabedoria e, junto a eles, continuei minha vida como escravo. Embora sofresse, não deixava de lado a minha verdade. Mesmo sem saber da escolha que aceitei em espírito, segui confiante com tudo o que aprendi com Joaquim.

– Então, depois que Joaquim foi dispensado, o Senhor já sabia que havia feito uma escolha em espírito? – perguntei ao Guia.

– Mais ou menos. Eu só sentia. Mas tive certeza décadas depois. Mais precisamente após meu desencarne. Ao longo de minha narrativa, você entenderá... Vou prosseguir.

Tudo estava indo muito bem. Mesmo com tanto sofrimento, com a perda de minha mãe, procurei me manter firme para seguir com minha escolha. Ajudava os mais velhos nos trabalhos pesados, participava dos Cultos aos Orixás e até cheguei a auxiliar em casos de cura.

Sim. Eu estava firme e assim fiquei por um bom tempo. Mas, anos depois, aconteceria algo... E isso faria com que eu mudasse meus pensamentos de maneira brusca.

Lutando contra Minha Fraqueza

Mesmo com a partida de Joaquim, segui com meu propósito. Já tinha 30 e poucos anos, ainda estava na lida como escravo, mas firme. Ao lado dos mais velhos continuei a cultuar os Orixás, procurava buscar mais sobre a minha verdade, dediquei-me ao aprendizado da cura, enfim... Tudo o que estava ligado à espiritualidade eu fazia questão de buscar, pois, assim como Joaquim e muitos outros, também sentia que, em um futuro distante, todo aquele sofrimento seria recompensado de alguma forma.

Não importava o que acontecia, eu estava firme e assim permaneci por um bom tempo, até que, em um dia de labuta com outros escravos, vi um feitor trazendo rispidamente um senhor de aproximadamente 50 anos... Aquele senhor era Barnabé. Um Velho Sábio que também fora um dos discípulos de Joaquim.

Barnabé estava acorrentado. Ficou jogado ao solo enquanto o feitor foi ao encontro do senhor do engenho para saber qual ação tomar. E o motivo era Barnabé não conseguir se manter em pé, em consequência do calor intenso e de sua idade já avançada para aqueles tipos de trabalho.

De longe, eu observava. O senhor do engenho já estava ciente do que acontecia, pois o feitor já havia lhe dito. Então, o senhor do engenho se aproximou de Barnabé, que ainda estava jogado ao solo, e proferiu algumas palavras para ele. Além de mim, outros viram o senhor do engenho agredindo Barnabé em sua face e ordenando que o levassem para o tronco do suplício.

Que ódio eu senti naquele momento! Minha vontade era de largar o que estava fazendo e acabar com a vida do dono do engenho. Mas não conseguiria fazer muito. Minhas pernas estavam acorrentadas.

O sol estava por volta do meio-dia, quando Barnabé começou a ser açoitado. De longe, eu via aquela triste cena. A cada chicotada, parecia sentir aquilo em minha pele.

Algumas horas depois, foi ordenado que todos os escravos fossem trancados dentro da senzala, inclusive eu, pois o senhor do engenho estava preocupado, achando que pudéssemos nos voltar contra ele.

Fim de tarde. Os escravos ainda estavam na senzala, Barnabé continuava preso ao tronco. Ele foi açoitado durante horas naquele dia. Às vezes, perdia a consciência, mas quando a recobrava, olhava para o balcão onde passávamos as noites. Era o mesmo local de onde eu e outros observávamos tudo. Barnabé parecia fazer preces, e assim ficou, até novamente perder seus sentidos.

Algum tempo depois, vi um feitor libertando Barnabé e o colocando em uma carroça. Naquele momento, eu já não sabia se Barnabé estava inconsciente ou morto.

A carroça seguiu para fora do engenho. Também vi alguém seguindo a carroça, era um negro. De longe não conseguia saber quem era, mas tempos depois o reencontrei. Ele também foi um escravo daquele engenho.

Aquelas cenas me deixaram estagnado. Foram horas de tortura que presenciei contra Barnabé. Aquilo, realmente, me tocou. E isso se deu porque, depois que Joaquim fora dispensado, Barnabé me tratou como seu próprio filho. Ele igualmente queria que eu seguisse pelos caminhos certos, além do que isso também fora um pedido de Joaquim: *"Cuide de Akin! Faça dele um grande homem. Não foi à toa que teve uma evolução tão rápida. Precisamos fazer com que continue a aceitar sua verdade"* – essas foram as palavras de Joaquim para Barnabé, dias antes de ser dispensado do engenho.

Aquilo parecia ser o fim para mim. Já estava chegando a um ponto de não crer em mais nada, estava disposto a jogar tudo pelos ares e sair ceifando vida por vida. Foi aí que eu errei. Aqueles pensamentos foram suficientes para o ódio crescer ainda mais dentro de mim.

Sim, eu estava a ponto de cometer loucuras, e isso se deu por um simples motivo: subestimei os que habitavam a escuridão. Eles usariam meu ponto fraco para fazer que eu cometesse atos insanos.

– E conseguiram? – perguntei ao Guia.

– Desequilibrado do jeito que eu estava e com o ódio plantado em meu peito... Você tem alguma dúvida?

Os dias transcorriam. Às vezes, por causa de tudo o que passei e vi, ainda sentia o ódio tomar conta de meu espírito, mas conseguia forças para voltar ao meu ponto de equilíbrio: não podia deixar o mal vencer. Ainda sentia que deveria seguir com a verdade que existia em meu espírito.

Mas não foi fácil manter meu equilíbrio, até porque "alguém" iria usar minha fraqueza para alcançar seu próprio objetivo. E "esse alguém" estava certo de que conseguiria ter sucesso em seu plano.

O Escravo Desconhecido

Passou algum tempo desde que havia visto aquela triste cena contra o velho e sábio Barnabé. Os sofrimentos ainda continuavam, tanto comigo quanto com outros escravos, e isso fazia pensamentos negativos continuarem a atormentar minha mente. E isso também aconteceu em um dia em que eu estava na labuta, distante de outros escravos.

Naquele dia, eu trabalhava sozinho em uma das partes do engenho, mais precisamente próximo ao canavial. Dentre tantos serviços, eu carregava uma carroça com sacos pesados cheios de cana, enquanto era vigiado a distância por um dos feitores. Ele estava armado com uma espingarda.

Sempre que eu olhava para o feitor sentia ódio, queria acabar com a vida dele. Mas, mesmo que pudesse, sabia que não conseguiria fazer muito, pois minhas pernas estavam acorrentadas.

Ainda assim, desejava que ele estivesse morto para não mais açoitar os escravos. E esses pensamentos só fizeram com que eu alimentasse mais ódio em minha alma, e esse ódio faria com que "alguém" se aproximasse e alimentasse ainda mais aquele sentimento.

Fim de tarde. Eu ainda trabalhava. Às vezes olhava para o feitor, e não conseguia ficar próximo sem que o ódio me tomasse.

As horas passaram e eu ainda olhava para o feitor, o ódio continuava presente, quando ouvi alguém se dirigir a mim:

— Também tem ódio daquele maldito?!

Olhei para trás. O susto que tomei foi tanto que me joguei em cima de alguns sacos...

— Por Deus! — clamei, já caindo em cima de alguns sacos. — Quem é você, homem?

— Fale baixo! Aquele miserável pode ouvir você — ele falava do feitor. — Já fui um escravo deste engenho. Mas consegui fugir.

Eu me levantei e olhei para o corpo dele. Realmente, ele tinha marcas de sofrimentos, sua feição era de cansaço e suas vestes rasgadas também deixavam visíveis marcas de torturas em sua pele.

— Já foi um escravo deste engenho? — perguntei desconfiado. — Nunca o vi aqui entre os outros.

— Isso já tem algum tempo. Você era muito novo. Por isso não se lembra.

Ainda desconfiado, perguntei:

— Mas se fugiu, por que veio até aqui?

— Ódio! Não suporto essa raça de feitores. Um deles abusou de minha companheira. Quero acabar com esses malditos!

— Vingar-se não o levará a lugar nenhum, meu amigo. A não ser que queira ir para a escuridão após seu desencarne — mesmo com um sentimento ruim em meu peito, ainda tentei mudar os pensamentos dele.

— Diz isso porque não foi com você. Acha mesmo que aquele miserável merece ficar vivo? — apontou para o feitor. — Não se lembra do que ele fez com aquele pobre senhor que fora como um pai para você? — falava de Barnabé. — Ele o açoitou durante horas, quase até a morte. Depois jogou seu corpo em uma estrada deserta e lá ficou aquele pobre homem... Acho que nem aguentou tanto sofrimento. Deve ter definhado até a morte. Sem contar o que fez com outros negros que aqui foram escravizados.

— Jogou o velho Barnabé na estrada? Como sabe disso?! — perguntei desconfiado.

— Porque segui a carroça e vi tudo. Pelas minhas contas, aquele pobre senhor ficou abandonado por uns cinco dias.

— Então era você quem seguia a carroça? — eu me lembrei do dia.

— Sim! – afirmou ele.

— E não fez nada para ajudá-lo? — perguntei, já com certo ódio.

— Eu até ia tentar, mas fiquei com medo de os feitores voltarem — ele omitia.

Eu não sentia muita sinceridade em suas palavras, mas aquele "escravo" desconhecido parecia estar compadecido com a situação de Barnabé e de outros que ali viviam. Até mesmo com meus pais.

Ele prosseguiu:

— Ainda me lembro do que ele fazia com seu verdadeiro pai. Às vezes, o torturava sem haver motivos! Pior ainda foi o que fez com sua mãe... Ah! Como eu sou imbecil! — xingou a si mesmo, a fim de fazer com que eu acreditasse. — É claro que você não vai se lembrar do que ele fez com sua mãe. Você era novo. Esse maldito a deixou sem alimento por quase três dias. Nem falar ela podia, pois ele amordaçou a boca dela.

Percebendo estar alcançando seu objetivo, ele me fez lembrar algo que eu havia conseguido superar, pois todos os negros mais velhos diziam que a culpa não era minha, que eu era forçado a fazer.

— Me diga uma coisa, escravo — ele se dirigia a mim —, onde estão seus filhos? Será que estão servindo a uma família nobre? Eu não acredito nisso! Com certeza estão servindo a algum maldito e ganancioso senhor em outro engenho. Quantas chicotadas eles já levaram, hein? Talvez, até já tenham morrido de fome — ele falava, a fim de alimentar meu ódio. — Ah! Já estava me esquecendo... Você teve duas filhas, não? Elas também foram vendidas. O que será que essa raça maldita, de senhores e feitores, não fez com elas? Elas eram muito lindas, não? Com certeza já foram forçadas a se deitar com essa raça sem amor ao próximo!

Lembrar-me daqueles fatos só fazia com que eu tivesse mais ódio dos feitores e dos senhores de engenho.

— Realmente, aconteceram coisas ruins com seus filhos? — perguntei ao Guia.

— Não faço ideia. Eles foram vendidos muito cedo. Infelizmente, tive pouco contato com eles. Mas acredito que sofreram muito. Naquela época, alguns escravos eram forçados a se deitar com diversas negras para que pudessem ter filhos. A grande maioria dos filhos era vendida quando chegavam a certa idade. Outros ficavam a trabalhar com seus pais nos mesmos engenhos onde nasciam. As filhas também. Porém, muitas delas eram abusadas por feitores e senhores de engenho. E como acabei ficando em destaque, por minha altura e força física, o senhor daquele engenho sabia que eu poderia lhe dar escravos com a mesma força que a minha ou semelhante... Isso doía muito em mim! Além de sermos forçados a nos deitar com escravas, muitas vezes nem víamos nossos filhos... Vou prosseguir com minha narrativa.

Por algum tempo, aquele "escravo" me fez recordar diversos sofrimentos que muitos ali passaram. Abusos, escravos jovens sendo vendidos ou açoitados, escravos que ficavam acorrentados e sem comer por muito tempo, outros permaneciam presos em pé, com correntes fixas nas paredes e em seus pescoços. Alguns ficavam quase dois dias presos dessa mesma forma.

Tudo o que falava era verdade. Eu mesmo já havia visto esse tipo de tortura com outros escravos.

Aquelas palavras me trouxeram lembranças de outros sofrimentos alheios, e isso alimentou ainda mais o ódio que eu sentia. Como percebeu isso, aquele escravo desconhecido fez com que eu me recordasse de outros fatos. Ele falou coisas que eu jamais vi ou poderia imaginar que acontecessem. Até mesmo as senhoras escravas eram abusadas. Assim disse ele.

Algum tempo depois, o escravo desconhecido parecia ter conseguido o que queria, pois era nítido que eu já exalava ódio.

– Não sei você! Mas vou dar um jeito para que esse miserável feitor morra! – afirmou ele e começou a caminhar para dentro do canavial, até que eu o perdi de vista.

Já estava feito. Eu já não tinha controle do ódio que existia dentro de mim. Mesmo assim, estava ciente de estar pensando de forma errada. Então, tentei buscar meu equilíbrio e consegui. Mas apenas por pouco tempo.

Fim do dia. Voltei para o galpão onde os escravos eram mantidos durante as noites. Ali fiquei em um canto. Sozinho, tentava esquecer todas as maldades que sofri e vi, inclusive o que havia escutado do "escravo" desconhecido. Mas parecia ser inútil. Por mais que eu tentasse manter meu equilíbrio, o ódio era maior. Por isso, durante a madrugada, decidi que iria fazer algo.

No dia seguinte, assim que me levantei, comecei a me preparar para mais um dia de trabalho. Seria no mesmo local onde havia trabalhado anteriormente, e como já sabia que teria de voltar, além das ferramentas de trabalho, levei algo a mais escondido em minhas vestes. Eu estava decidido sobre o que iria fazer.

Esperei uns dos serviçais levar o que os escravos tomariam como café da manhã. Não era nada de especial. Apenas restos de alimentos da noite anterior.

Enquanto eu me alimentava, notei que um dos escravos não tirava os olhos de mim. Sim, para ele, era nítido o que estava acontecendo comigo, mas preferiu falar a um dos negros mais velhos que a mim.

Saí do galpão e caminhava para mais um dia de trabalho. Ao meu lado estavam mais alguns escravos e, vigiando todos nós, um feitor ia atrás.

Passamos por um dos negros mais velhos. Ele era conhecido como Miguel.

O velho e sábio Miguel separava alguns itens em sacos para que os escravos mais novos carregassem para outra parte do engenho.

Assim que me viu entre os escravos, Miguel se dirigiu ao feitor.

– Meu senhor! Se não for atrapalhar, gostaria de pedir ajuda para um desses. Preciso colocar esses sacos pesados na carroça. Não vai levar muito tempo.

O feitor concordou.

Vendo que o feitor chamaria alguém, o velho e sábio Miguel agiu de forma rápida:

– Akin... Pode me ajudar, filho?

Olhei para o feitor. Ele permitiu.

Assim que me aproximei do senhor Miguel, ele pediu:

– Pegue esse saco e leve para perto da carroça, filho. Por favor.

Quando estávamos distantes do feitor, o velho e sábio Miguel decidiu contar o porquê de pedir minha ajuda...

– Filho, eu não precisava de ajuda. Só fiz isso porque precisava falar com você – o velho Miguel parecia estar aflito.

– Falar o quê, senhor? – perguntei sem entender.

– Um dos nossos irmãos veio ao meu encontro. Disse que você agiu de forma estranha durante a noite. Algo parecia atormentar seu sono. Hoje pela manhã, esse mesmo irmão percebeu que você continuava a agir de maneira estranha e resolveu contar a mim.

– Mas eu estou bem, senhor! – afirmei, contudo, sabia que não estava.

O feitor olhava para nós dois, o senhor Miguel percebeu que, se continuasse por muito tempo conversando comigo, ele viria ao nosso encontro.

– Akin, não posso me estender muito, até porque o feitor está nos observando. Mas, antes que vá, gostaria de revelar a você algo que apenas Joaquim sabia. Nosso grandioso Pai Maior me concedeu um dom: ver a luz que vibra em espíritos alheios!

Naquele momento mudei minha feição. Sabia do que aquele sábio senhor falava.

Mesmo assim, fingi não entender suas palavras...

– Por que está dizendo isso, senhor Miguel?

– Posso ser cobrado por Deus por estar revelando meu dom a você. Posso até pagar pelo que vou dizer, mas não posso deixar que cometa algo que possa levá-lo a mundos obscuros. Filho, não consigo ver a luz em seu espírito! – afirmou o velho e sábio Miguel com seus olhos banhados em lágrimas. – Foi por isso que pedi sua ajuda. Era para dizer isso... Pense no que irá fazer. Lembre-se dos conselhos de Joaquim. Não subestime os que habitam do lado escuro! Não faça de sua força física uma arma. Use essa força para o bem, assim como sempre a usou para ajudar os mais velhos nos trabalhos pesados!

Fiquei meio pasmo. Sabia que aquele senhor falava a verdade.

– Agora, vá, filho. O feitor está vindo ao nosso encontro – pediu Miguel, e voltou aos seus afazeres.

Durante horas em meio ao canavial sendo vigiado pelo feitor, eu tentava refletir sobre tudo o que o velho e sábio Miguel havia me dito. Não podia deixar tudo acabar da forma como eu havia planejado, antes de sair do galpão. Não podia deixar forças inimigas tomarem conta da situação e me induzirem ao erro. "Isso é loucura!", pensei.

Mas foi em vão. O ódio ainda era maior e, como passei a noite com esse sentimento, me afastei da luz do Criador. E se, com ela irradiando sobre nós, forças negativas se aproximam tentando tirar nosso equilíbrio, sem ela é mais fácil ainda. Por isso eu agia de maneira estranha enquanto dormia.

Durante o trabalho não foi diferente. A todo momento, sentia algo tentando dominar minha mente para seguir com minha decisão. Mas eu ainda conseguia trabalhar. E, durante todo aquele dia até chegar a noite, usava um facão para cortar canas. A cada facada nas canas, dava duas no meio de minhas pernas... Mais precisamente nas correntes.

Fim de tarde. Já estava meio escuro. Eu ainda estava sozinho na lida em meio ao canavial. Ainda sentia minha mente sendo dominada.

O feitor estava próximo de onde eu me encontrava. Ele me vigiava. Mas, de onde ele estava, não conseguia ver que minhas pernas já não permaneciam mais acorrentadas. Eu havia conseguido quebrar as correntes com o facão.

Então, decidido do que iria fazer, pensei: "É agora".

Caí "passando mal" sob alguns sacos que ali estavam. Demonstrava estar com muita dor, pedia ajuda, agi como se fosse deixar a vida na carne, mas percebi que o feitor não viu tal cena. Então, me levantei e fiz com o que o feitor me visse caindo de bruços por cima dos sacos, mostrando precisar de auxílio. Caí de uma forma que conseguia vê-lo, caso viesse em minha direção.

O feitor estava distante, mas pôde me ver caindo, e como estava desconfiado, empunhou sua espingarda e caminhou em minha direção.

– O que está acontecendo? Levante-se! – ordenou o feitor.

Eu não respondi. Demostrava estar desacordado.

– Esse miserável morreu – falou o feitor.

O feitor pendurou sua espingarda em seu ombro e se aproximou do meu corpo, que ainda estava caído em cima dos sacos. E foi nesse exato momento que ele viu que havia cometido um erro.

No escuro da noite, foi muito fácil concretizar meu plano, pois quando o feitor conseguiu ver meus olhos abertos, já era tarde.

Eu estava com uma das minhas mãos embaixo de um dos sacos. Nela, segurava um ferro pontiagudo, era o mesmo que eu havia levado escondido em minhas vestes quando saí do galpão pela manhã.

Assim que o feitor tentou virar meu corpo, eu me virei rapidamente o golpeando na face, e o joguei contra o solo. Ele tentou se levantar, mas eu o golpeei novamente, dessa vez com minhas pernas, e ele caiu. Em seguida, me ajoelhei em cima dele, prendi suas mãos com minhas pernas e tapei sua boca. Eu estava sedento por vingança, e ele, temeroso com minha fúria.

– Isso é pelas torturas que fez aos escravos, seu maldito! – disse a ele e cravei aquele ferro pontiagudo em seu peito.

Agi tão rápido que o feitor nem teve tempo de reagir. Em questão de segundos, ele já estava morto.

Estava feito. Naquele momento, eu havia terminado de "regar" em meu peito um dos piores sentimentos que um Ser pode carregar em sua essência: o ódio.

Desesperado e não acreditando no que havia feito, peguei o corpo do feitor e adentrei o canavial.

Tinha certeza de que seria cobrado pelo senhor do engenho, caso ele soubesse o que eu havia feito. "Vou fugir! Se descobrirem o que fiz, serei castigado até a morte", pensei.

Estava decidido a fugir, mas o "escravo" desconhecido estava próximo. Ele iria me orientar quanto à minha decisão.

– Você ficou louco? Vai fugir para onde? – ele apareceu de repente em meio ao canavial e perguntou a mim. Eu me assustei e caí próximo ao corpo do feitor:

– Por Deus, homem! De onde você veio? – indaguei assustado. – O que está fazendo aqui?

– Eu sabia que você iria acabar com esse maldito! Então, resolvi ficar por perto para ver esse miserável implorando por sua vida. Mas você foi mais rápido. Não deixou que isso acontecesse – ele falava e sorria. Sua feição era de estar satisfeito por ver o feitor morto.

Por outro lado, eu estava desesperado. Sabia que seria morto. Levantei-me e fiquei à frente do escravo desconhecido.

– Não era para ter acontecido isso. Perdi o controle. O que vou fazer? Para onde vou? – perguntei desesperado com as mãos em minha cabeça. Eu olhava para o corpo do feitor.

– Para onde vai, não sei. Mas se fugir será pior! – afirmou o escravo desconhecido. – Por todos os lados deste engenho há caçadores de escravos! Se for pego, irão descobrir o que você fez! Por outro lado, se ficar, o senhor do engenho ordenará que outros saíam em busca deste maldito feitor para saber por que ele sumiu. Com certeza, vão descobrir quem o matou. E você será açoitado até a morte – a forma como ele falava fazia meu medo aumentar.

Eu estava desesperado. Sabia que aquele escravo desconhecido falava a verdade, mas também sentia que ele tentava "me ajudar"...

– E o que eu faço agora? – perguntei meio desesperado.

– Não sei! Mas se eu estivesse em seu lugar, teria de fazer algo contra aquele que ordenaria minha morte!

– Você ficou louco? Já serei cobrado pela Lei Divina por ter tirado a vida do feitor. Acha mesmo que vou tirar a vida do senhor do engenho?

– De qualquer jeito, será cobrado pelo que fez! Agora, se aquele maldito senhor do engenho ficar vivo, seu castigo será em dobro. Ou mais – afirmou ele com feição de ódio.

Eu estava tão atordoado que me esqueci de um dos conselhos de Joaquim e de outros negros mais velhos. Subestimei os que habitam a escuridão.

Percebendo que eu estava temeroso, o escravo desconhecido continuou a trabalhar em minha mente.

– Bem, a escolha é sua! Depois, não adianta ficar se lamentando quando estiver sendo açoitado até que vejam suas costas ficando em carne viva!

Sim. Era isso mesmo o que iria acontecer.

– O que farei? Preciso fugir – estava apavorado.

– Bem... Quer fugir? Então, fuja. Mas eu não quero estar por perto quando o pegarem.

Pensei por um tempo e cheguei à conclusão de que aquele escravo desconhecido queria me ajudar, por isso, sentia que precisava acabar com a vida do senhor do engenho, mas não sabia como.

– Mesmo que eu queira tirar sua vida, não vou conseguir. Ele está sempre com outros a seu lado – eu falava do senhor do engenho.

– Mas é claro que tem como – afirmou o escravo desconhecido. – É só esperar aquela maluca ter seus sonhos loucos e ficar sentindo que está sendo sufocada – falava de Lurdes. – Quando isso acontecer, com certeza ele irá atrás da ajuda de algum escravo mais velho. Como eles sempre fazem seus rituais, pedirão para o maldito companheiro ficar em prece. É nessa hora que ele ficará sozinho... Aí, você decide o que deve fazer – disse ele, deu um leve sorriso e começou a caminhar dentro do canavial.

Eu ainda sentia que, de alguma forma, aquele escravo desconhecido queria me ajudar. Então, decidi que iria segui-lo, assim não seria morto pelo que havia feito.

– Se consegue fugir assim tão fácil, vou com você. Assim não serei castigado pelo que fiz.

Ele voltou. Sua feição era de preocupação para comigo.

– Não posso permitir isso. Se algum caçador de escravos aparecer em nosso caminho, nunca vou me perdoar caso você seja castigado. Se tiverem que pegar, que peguem a mim!... Você ainda tem uma longa jornada. Apesar de ter tirado a vida de um feitor e estar pensando em tirar a vida do senhor do engenho, creio que fez e fará, vingando muitos dos que aqui viveram... Inclusive, estará vingando a morte de seus pais – disse ele e fugiu, sumindo por entre as canas.

Não havia mais o que fazer. Eu sentia que a única forma de não ser castigado seria seguindo o que fora dito por um "amigo"... Assim pensava sobre aquele escravo desconhecido.

Fiquei escondido dentro do canavial. Iria esperar outros escravos passarem por perto para que eu pudesse me infiltrar no meio deles. Assim, voltaria sem ser visto.

Tentei Evitar...
Mas Já Era Tarde

Ainda era noite. Apenas a luz da lua iluminava aquele local. Cauteloso, comecei a voltar para o engenho, quando vi alguns escravos sendo conduzidos por outros feitores.

Naquele momento, pensei: "Se eu entrar no meio deles sem ser visto, não vão descobrir que matei o feitor".

E foi isso o que fiz. Mas antes rasguei partes das minhas vestes manchadas de sangue, limpei minhas mãos e, sem ser visto, me infiltrei entre os escravos.

Todos foram conduzidos para o galpão onde passávamos as noites. No dia seguinte, fomos acordados aos gritos.

– Vamos! Acordem todos eles – era o senhor do engenho quem ordenava aos gritos aos feitores.

Ficamos em duas filas. Uns de frente para os outros. Nossas pernas foram presas por correntes. Como eram os próprios escravos que passavam as correntes uns nos outros para que os feitores apenas checassem se todos nós estávamos presos, nem notaram que em minhas pernas haviam pedaços de correntes quebradas.

– Eu vou perguntar apenas uma única vez – era o senhor do engenho quem falava. – Se o responsável não aparecer, ordenarei que todos sejam punidos. Um dos meus homens foi encontrado morto em meio ao canavial. O responsável por essa morte está aqui?

O silêncio imperava. Os escravos estavam temerosos com o que poderia acontecer.

Entre nós estava o velho Miguel. Naquele momento, ele olhou para mim, estava certo de que eu era o responsável pelo crime.

Eu estava pasmo. Minha mente me cobrava. "Se eu não confessar, todos serão punidos", pensei.

Os escravos estavam em silêncio. O velho Miguel ainda olhava para mim. Naquele instante, ele pensava na grande evolução que eu tive e da verdade que fora deixada em meu espírito. E, mesmo sem saber ao certo qual seria meu destino, o velho Miguel tomou uma decisão.

– Senhor, eu sou o responsável pela morte do feitor – afirmou ao dono do engenho.

O senhor do engenho se aproximou do velho e sábio Miguel. Parecia não acreditar no que ouviu.

– O senhor? – perguntou espantado o dono do engenho.

O velho Miguel prosseguiu:

– Sim, meu senhor. Peço perdão! Acabei me lembrando de algumas coisas e perdi o controle. Quando dei por mim, já havia acontecido... Peço que me castigue. Os que estão aqui não são culpados!

O dono do engenho ainda não acreditava no que havia escutado do velho Miguel.

– De que forma tirou a vida dele? – perguntou desconfiado.

O velho Miguel ficou em silêncio. Não sabia o que dizer.

– Vamos! Responda! – ordenou o dono do engenho. – O corpo foi encontrado em meio ao canavial. Até onde sei, o senhor não costuma ficar lá! Além disso, ele tinha marcas de violência em seu rosto e um ferro pontiagudo atravessado em seu peito!... Como o senhor fez aquilo?

Naquele momento, algo de ruim estava acontecendo e, mesmo assim, salvaria o velho e sábio Miguel das perguntas do senhor do engenho.

– Senhor! – era um dos encarregados do dono do engenho que se dirigia a ele.

– Espere, homem! Estou resolvendo uma situação aqui – disse um tanto nervoso o senhor do engenho.

– Senhor, sua companheira pediu sua presença! Não está se sentindo bem! Está acontecendo novamente!

Ciente do que acontecia com Lurdes, o dono do engenho ordenou:
— Libertem todos! Coloquem em suas devidas tarefas — em seguida se dirigiu ao senhor Miguel. — Não pense que sou tolo. Sei muito bem que está tentando proteger um desses negros — apontou para os escravos. — O senhor não teria coragem, nem forças para cometer um ato tão insano. Depois volto a falar com o senhor — e foi ao encontro de sua companheira.

O dono do engenho já sabia o que acontecia com Lurdes. Estava novamente sob a irradiação do mesmo espírito.

Pouco tempo depois, Lurdes ficou bem, sem ajuda de ninguém. Mas logo voltaria a sentir as mesmas coisas.

Cada um dos escravos estava indo a seus afazeres. Eu fui ao encontro do velho Miguel...

— Por que cometeu essa loucura, senhor? Não deveria ter assumido. Sabe que eu fui o responsável pela morte do feitor.

— Akin — o velho Miguel colocou uma de suas mãos em meu ombro e prosseguiu —, eu já estou velho para trabalhar como escravo. Logo serei dispensado, e se não encontrar algum lugar como abrigo, pode ser que eu venha deixar a carne como muitos dos que foram jogados em estradas desertas, quase sem vida... Deixar a carne lá ou aqui não fará diferença para mim.

— Mas ele pode ordenar que o senhor seja castigado com o açoite — eu estava desesperado.

Com lágrimas em seus olhos, o velho e sábio Miguel disse a mim:
— Filho, como eu disse, já estou velho. Não sei até quando nosso Criador permitirá que eu fique na carne. Só estou fazendo isso por um único motivo: Joaquim sempre disse sentir que você teria um futuro brilhante dentro da nossa nação. Não podemos deixar que a chama do Culto aos Orixás se apague. Se Joaquim disse, eu confio! Então, como você ainda é um homem disposto, creio que possa se arrepender e voltar para a luz... Agora, vamos aos trabalhos antes que o feitor venha ao nosso encontro.

Fiquei atordoado durante todo o dia. Sabia que o senhor do engenho não perdoaria tal ato. Logo, se eu visse o velho Miguel sendo açoitado sem ser o verdadeiro culpado, talvez eu mesmo ceifasse minha vida para não carregar tal tormento. Afinal, sentia que minha estrada para o inferno já estava trilhada... O que haveria de perder tirando minha vida?

Final de tarde. Nós já estávamos cientes de que o senhor do engenho iria querer saber quem era o responsável pela morte do feitor. "Preciso fazer algo! Não posso deixar o velho Miguel ser açoitado", pensei.

Já era noite. Fomos direcionados ao galpão. Lá se encontrava o senhor do engenho.

– Bem, por mais que o responsável se apresente, ele não voltará à vida – ele falava do feitor morto por minhas mãos. – Mesmo assim, darei um tempo para pensarem. O prazo de todos é até amanhã à noite! Passado esse período, não me responsabilizo por minhas ordens!

Por sorte, no dia seguinte seria dia de Culto aos Orixás.

– Por sorte? – perguntei ao Guia.

– Sim. Por sorte! Joaquim deixou grande legado aos escravos que ali viviam. Ensinou muitos de nós a invocar o Orixá da Cura. Você já vai entender.

Na noite seguinte, nós nos preparávamos para iniciar o Culto aos Orixás. Como muitos gostavam de dançar durante os cultos, não ficávamos acorrentados. Era o único momento em que nos sentíamos livres.

Nós já estávamos para iniciar nosso culto, quando fomos interrompidos pelo dono do engenho.

– Preciso da ajuda de um de vocês. Rápido! – ele carregava Lurdes em seus braços.

Sim. Novamente, ela estava recebendo vibrações negativas do mesmo espírito.

Eu sabia o que tinha de fazer, mas estava em total desequilíbrio, minha mente me acusava. Mesmo que tentasse, sentia que não conseguiria me conectar com qualquer Orixá para ajudar Lurdes.

Palavras do Preto-Velho Barnabé: "Assim como muitos dos que foram escravos, Joaquim sempre carregou grande conhecimento, mas não o guardou apenas para si. Deixou um grande legado, ensinou muitos dos que ali viviam e, assim como revelou a Akin quem era o responsável pelo que acontecia com Lurdes, revelou a outros também... Miguel fora um desses".

– Vamos! Alguém faça alguma coisa. Ela vai morrer! – gritava desesperado o dono do engenho.

O velho e sábio Miguel olhou para Lurdes. Viu que sua respiração estava ofegante. Então, se lembrou dos conselhos de Joaquim. "Ela deve estar recebendo irradiação de algum espírito sem luz. Preciso pedir auxílio ao Orixá da Cura para tentar ajudá-la", pensou o velho Miguel.

– Acalme-se, meu senhor – era o velho e sábio Miguel quem se dirigia ao dono do engenho. – Ela está tendo um mal súbito. Coloque-a aqui, por favor!

O dono do engenho deitou Lurdes perto do velho Miguel, no que este pediu:

– Senhor! Vá até seu canto da prece e fique por lá! Fique em prece, por favor!

Sim. O sábio Miguel sabia que teria de fazer invocações, logo, mas não poderia ser na frente do dono do engenho.

– Ela vai ficar bem? – perguntou aflito o dono do engenho.

– Não sei, meu senhor. Mas se tiver de ficar, estamos perdendo tempo. Vá para seu canto e fique em prece, por favor!

E ele foi.

O velho Miguel fez da forma como fora orientado por Joaquim. Pediu ajuda para alguns dos que ali estavam para que cobrissem com palhas o corpo de Lurdes, que ainda sofria irradiações negativas. Em seguida, começou a clamar pela força do Orixá da Cura. Aos poucos, a respiração de Lurdes foi voltando ao normal.

Sim, a força do Orixá se fez presente, e o espírito vingativo parou de irradiar, porém muito rápido, e havia um motivo para isso. Seu alvo era outro: o dono do engenho.

Enquanto o velho Miguel pedia ajuda aos Orixás, eu me lembrava de tudo o que havia acontecido. Tinha certeza de que o dono do engenho iria cobrar a morte do feitor. E, ciente de que o velho Miguel continuaria a assumir a culpa, decidi fazer algo para livrar aquele grande sábio de uma possível tortura. Estava decidido a falar com o dono do engenho.

– Iria assumir a morte do feitor para o dono do engenho? – perguntei ao Guia.

– A ideia era essa. Se tivesse coragem para assumir tal culpa, só na hora iria saber. Vou prosseguir.

– Senhor Miguel, ela está ficando bem. Vou avisar seu companheiro – e saí em disparada em direção a casa.

Fui ao encontro do dono do engenho que, naquele momento, estava em prece em um pequeno cômodo do lado de fora da residência.

Era noite. Fiquei próximo à porta. Iria esperar ele terminar sua prece para lhe dizer a verdade. Contudo, comecei a sentir algo tomando minha mente. Era a mesma força que senti antes de tirar a vida do feitor.

Eu estava temeroso, já não sabia do que seria capaz de fazer e, naquele momento, lembrei-me do que o escravo desconhecido disse. Caso o senhor do engenho ficasse vivo, meu castigo seria em dobro. Seria açoitado até verem carne viva em minhas costas.

Então, senti que precisava fazer alguma coisa para não sofrer o que talvez fosse a pior tortura de todas naquele engenho. Por causa disso, pensei em tirar a vida do dono do engenho para me livrar de um possível castigo.

Eu tentava lutar contra aquela força que a cada minuto parecia me dominar mais e mais.

Mas foi em vão, pois naquele momento me lembrei dos estranhos conselhos recebidos do escravo desconhecido que estava junto a mim no canavial. "Ele tem razão. Se eu contar a verdade, serei castigado até a morte. Por outro lado, se eu não confessar, o velho Miguel poderá pagar sem ser o culpado", pensei.

Decidido do que iria fazer, fui escondido até uma parte do engenho onde ficavam algumas ferramentas de trabalho. Peguei um facão e escondi sob minhas vestes. Cauteloso, voltei para o pequeno cômodo onde o dono do engenho fazia sua prece.

Ao chegar à porta, peguei o facão. Ao mesmo tempo que estava decidido a matá-lo, o medo de ser cobrado pela Lei Maior também tomava meu corpo. Mas já era tarde, pois naquele instante o dono do engenho havia terminado sua prece.

Ele se levantou e, ao me ver em posse de um facão, me indagou:

– O que faz aqui? O que você pensa em fazer com isso? – perguntou meio pasmo o senhor do engenho.

Não havia mais ninguém ali além de nós dois. Disso eu tenho certeza. Mas posso garantir que naquele momento ouvi nitidamente alguém se dirigir a mim: *"Se esse maldito ficar vivo, vai acabar com sua vida, seu idiota! Vai querer morrer mesmo?"*.

Não pensei duas vezes e, em posse daquele facão, me lancei para cima do dono do engenho e cravei o facão em seu peito.

Estava feito. O velho Miguel não seria castigado por algo que não fez, e eu também não... Assim pensei naquele instante.

Estagnado, fiquei olhando por algum tempo para o dono do engenho, que já estava caído ao solo. Até tentei tirar o facão de seu peito, mas meu medo era tanto que nem tinha forças.

Desorientado, voltei às pressas para o galpão onde o velho Miguel estava junto a outros. Eu precisava de ajuda.

Assim que entrei no galpão, tomei um susto ao ver Lurdes sentada na frente do velho Miguel. Igualmente a Joaquim, ele a orientava a fazer preces.

Assim que notou minha presença, o velho Miguel perguntou:

– Onde está nosso senhor, filho?

Fiquei em silêncio. Estava pasmo.

Naquele momento, Lurdes notou meu nervosismo e algo em minhas mãos.

Desconfiada, Lurdes se levantou e veio ao meu encontro.

– O que é isso em suas mãos? – perguntou um tanto pasma. Parecia já saber o que havia acontecido.

Nada respondi. Fiquei cabisbaixo.

Mas, mesmo não respondendo, estava clara minha resposta.

Até aquele dia, eu nunca havia visto Lurdes maltratando ou agredindo nenhum escravo. Ela era contra, não gostava de ver os negros sendo açoitados. Pelo contrário, às vezes, às escondidas, até ouvia algumas histórias dos sábios que ali viviam. Mas, como era uma companheira submissa, nada podia fazer para que os escravos não fossem torturados.

Certa do que havia acontecido, Lurdes pegou em minha face e, de forma bruta, fez com que eu olhasse em seus olhos:

– Vamos! Responda! Isso é sangue, não é?

– Sim, minha senhora – afirmei sem coragem de olhar em seus olhos.

Minha afirmação fez com que Lurdes ficasse nervosa.

– O que você fez? – Lurdes perguntou em baixo tom, mas seu olhar transmitia fúria. Em seguida, gritou: – Onde ele está?

Novamente fiquei em silêncio, mas Lurdes já tinha certeza de tudo.

– Seu assassino! – gritou e desferiu um tapa em minha face e foi à procura de seu companheiro.

Os escravos que ali estavam saíram, pareciam sentir minha energia. Apenas o velho Miguel ficou. Ele parecia não acreditar no que eu havia feito.

– O que você fez, filho? Ceifou mais uma vida?

– Não sei como fiz aquilo, senhor Miguel – eu falava com certa tensão em minha alma. – Fiquei imaginando o senhor sendo castigado por ter assumido a culpa! Quando dei por mim, já havia acontecido!

– Mas minha jornada na carne já está quase no fim, filho. Só assumi por saber que você tinha uma linda missão... Não precisava ter feito isso.

Eu estava apavorado.

– Agora já está feito, senhor. Não posso mais ficar aqui! Serei morto pelos feitores se não fugir – e fugi do galpão indo em direção ao canavial.

Fiquei escondido no meio do canavial. Esperaria clarear o dia para seguir e tentar me libertar como outros conseguiram.

Eu estava em silêncio, por causa do medo, não tinha mais noção do tempo, mas a todo instante pedia perdão ao nosso Criador e ajuda aos Seres de Luz, mesmo sabendo que não merecia.

Horas depois, eu ainda estava em meio ao canavial, orava e pedia ajuda, quando senti a presença de alguém. E, como ainda estava escuro e eu não sabia quem era, deitei-me no solo entre as canas.

Fiquei escondido em silêncio. Podia sentir alguém se aproximando. "Se tentar me atacar, terei de fazer algo para não morrer", pensei.

Eu olhava por entre as canas, estava apreensivo, mas preparado para atacar, e foi aí que ouvi alguém se dirigir a mim.

– Pode se levantar. Não precisa ficar com medo. Sou eu – era o escravo desconhecido quem falava.

Eu me levantei e disse a ele:

– Por Deus, homem! Cometi uma loucura.

– Matou aquele miserável, não?

– Sim! Como sabe?

– Com essa cara de medo de ser castigado, só pode ser isso – e deu uma leve gargalhada.

– Sim! Foi isso mesmo. Matei o dono do engenho. Por favor! Leve-me daqui. Leve-me para seu lugar de refúgio. Se eu ficar aqui, vão tirar minha vida – pedi desesperado.

– Bem, não posso obrigá-lo, mas se quiser, posso levá-lo – afirmou ele.

– Vamos, homem! Faça logo isso. Antes que apareça alguém e nos veja aqui! Se isso acontecer, vão matar a você e a mim!

– Está bem. Calma! Não precisa ficar me dando ordens, não – falou meio sem paciência o escravo desconhecido e prosseguiu: – Fique aqui. Vou ver se o caminho está livre.

Assim que aquele escravo desconhecido saiu, agradeci aos céus por sua presença e, em seguida, pensei: "Talvez o Criador ainda esteja olhando por mim e enviou-me esse amigo para me ajudar"... Eu estava tomado por uma força negativa quando cometi aqueles atos!

Mas me enganei, em partes, ao pensar isso.

– Por que em partes? – perguntei ao Guia.

– Estava certo e errado, ao mesmo tempo. Certo por saber que estava tomado por uma força negativa, mas errado ao pensar que nosso Criador enviou aquele escravo desconhecido para me ajudar.

– Algo deu errado para que pensasse dessa forma?

– Sim. Logo você entenderá... Vou prosseguir.

Bem. Eu ainda estava apreensivo à espera do escravo desconhecido, mas algum tempo depois, ele voltou.

– O caminho está livre. Vai querer ir mesmo para meu lugar de refúgio? A escolha é sua – seu olhar era estranho.

Não pensei duas vezes...

– Sim, homem! Vamos logo. Antes que apareça algum feitor. Se isso acontecer, matarão nós dois.

– Certo... Venha comigo.

Começamos a caminhar por dentro do canavial. Eu não sabia para onde estávamos indo, mas o escravo desconhecido, sim.

– Vamos! É por aqui – apontou o caminho.

Passamos algum tempo caminhando. O escravo desconhecido estava à frente e eu o seguia, quando topamos com dois feitores.

– Aí está você, maldito assassino – falou um dos feitores, dirigindo-se a mim.

Tentei fugir, mas o outro feitor agiu de forma rápida e, com sua arma, disparou algumas vezes contra minhas pernas, fazendo com que eu caísse metros à frente. Em seguida, os dois prenderam meus braços e pernas com correntes.

– E o escravo desconhecido que o ajudou? Ele foi preso? – perguntei ao Guia.

– Fugiu tão rápido que nem deu tempo de os feitores o pegarem. Assim pensei naquele momento. Mas algo me deixou ainda mais pensativo.

– E o que seria?

– Ele estava à minha frente. Como conseguiu fugir sem que os feitores o vissem? Essa foi a pergunta que fiz a mim mesmo, mas tive a resposta somente tempos depois.

Os feitores me arrastavam pelos braços, íamos em direção ao engenho e, enquanto eu era arrastado, já sentia qual seria minha sina. Se bem que um dos feitores já havia dito ao outro enquanto seguíamos em direção ao meu destino:

– Esse miserável vai pagar pelo que fez com nosso senhor e com nosso amigo – falava do dono do engenho e do feitor, do qual eu havia tirado a vida.

Chegamos ao destino. Não poderia ser outro, a não ser o tronco.

Ainda com correntes em minhas pernas, eles amarraram minhas mãos no tronco. Um deles disse que iria em busca do açoite, o outro ficou ao meu lado.

Naquele momento, eu já sabia que seria açoitado pelos feitores até eles não terem mais forças em seus braços.

Enquanto esperava para receber as chibatadas pelas vidas ceifadas, me lembrava de Joaquim, de seus conselhos e de como fez para eu aceitar uma das verdades que estava em meu espírito. Esses pensamentos só fizeram eu ter a certeza de que realmente agira como um verdadeiro estúpido.

Já arrependido do que havia feito e ainda pensando em Joaquim, olhei para o céu e disse:

– Perdão, Pai Joaquim! Fui um fraco.

– Cale essa boca, seu assassino miserável! – ordenou o feitor e desferiu alguns golpes em minha face, até que perdi os sentidos.

Não sei precisar o tempo que fiquei inconsciente, mas, durante esse período, tive algumas lembranças de Joaquim e parecia sentir sua presença. Tive até um sonho, estranho naquele momento, mas que fez sentido para mim anos depois.

– Poderia narrar o sonho? – perguntei ao Guia.

– Claro!

Eu estava em um buraco, muito fundo por sinal. Ao meu lado, havia alguns Seres estranhos. Algum tempo depois, olhei para a saída que tinha acima, outro Ser estranho apareceu e estendeu uma de suas mãos. Mesmo sendo fundo, sentia que, se esticasse meus braços, ele me puxaria, mas eu parecia não querer. Anos depois, entendi sonho: o buraco era o mundo no qual eu estava prestes a entrar, os Seres estranhos eram forças negativas. Se eu quisesse sair daquele buraco, teria de esticar meus braços a fim de conseguir ajuda, logo, só dependeria de mim. Vou prosseguir com minha narrativa.

Eu ainda estava inconsciente, até que o feitor desferiu outro golpe em minha face, fazendo com que eu voltasse ao meu mundo real.

– Acorda, maldito assassino! – gritou.

Ao abrir meus olhos, vi que já era dia. À minha frente, vi o velho e sábio Miguel. Seus olhos estavam banhados em lágrimas. "Meu Deus! Ele será torturado junto a mim", pensei.

– Por favor! Não maltratem este senhor. Ele não foi o culpado – implorei a eles.

– Acha mesmo que nosso senhor iria acreditar que este velho havia matado o outro feitor? É claro que não. Muito menos nós – dirigiu-se um deles a mim, em seguida se dirigiu ao senhor Miguel. – Vamos, diga logo o que tem a dizer – ordenou.

O velho Miguel se aproximou de mim. Ele parecia muito triste. Ainda havia lágrimas em seus olhos...

– Acalme-se, filho. Eles não vão me castigar.

– Então o que faz aqui, senhor?!

– Pedi à senhora Lurdes que me deixasse vir. Mesmo triste pelo que aconteceu, ela permitiu. Só queria que soubesse que eles não vão castigar minha carne.

– Ele morreu mesmo, senhor Miguel?

– Não sei dizer, mas acredito que sim. Mesmo assim levaram seu corpo, a fim de tentarem fazer algo.

– Meu Deus! Como pude fazer isso? – perguntei a mim mesmo.

O velho Miguel balançou a cabeça negativamente, como se não acreditasse no que havia acontecido.

– Filho, por que deixou que guiassem seus caminhos até este ponto? – perguntou de uma forma como se fosse sentir as dores que eu iria vivenciar. Sua feição era de tristeza.

Ele estava certo em agir daquela forma, pois, depois que descobri a verdade que estava em meu espírito, novamente tive a certeza de ter agido como um verdadeiro estúpido.

O velho Miguel não conseguia dizer mais nada, estava visivelmente abatido. Eu, por outro lado, ainda pensava em Joaquim, Barnabé e em tudo o que fizeram por mim.

Algum tempo depois, um dos feitores se dirigiu ao velho Miguel:.

– Já disse tudo o que tinha a dizer? – perguntou em alto tom.

– Sim, meu senhor – respondeu o velho Miguel.

– Pois, então, saia daqui!

O velho Miguel deu alguns passos, mas em seguida voltou para perto de onde eu estava.

– Filho... Lurdes não queria essa tortura contra você. Ela tentou impedir, mas outros ordenaram. Ela também chorou e disse estar arrependida de ter desferido aquele tapa em sua face. Mas creio que você tenha entendido o fato de ela ter perdido o controle – e se afastou cabisbaixo para não ver meu sofrimento.

Início da tortura. As primeiras chicotadas foram em minhas pernas.

– Levanta esse corpo, seu maldito assassino! – gritou um deles, em seguida afirmou: – Isso é pelas vidas que ceifou, seu negro miserável – e continuou a me chicotear.

Todas as outras chicotadas foram em minhas costas. A dor era imensa. E, enquanto eu sofria, os feitores emanavam ódio e o descarregavam em mim por meio do açoite.

Não sei precisar o tempo em que fiquei ali, nem quantas chicotadas foram deferidas contra mim. Mas posso afirmar que a tortura iniciou quando o sol ainda era visível aos meus olhos.

Às vezes, perdia meus sentidos, e assim que voltava, sentia novas chicotadas, até que chegou a um momento em que nem dor sentia mais.

Horas depois, perdi novamente meus sentidos e, quando os recobrei, vi que já era noite. Vi também que alguns escravos olhavam para mim por entre as grades que havia na senzala.

Naquele instante, nem perdão a Deus consegui pedir. Só pedi perdão em pensamento a Joaquim, pois sentia que minha estrada para o inferno já estava trilhada. E o motivo desses meus pensamentos era por saber que, mesmo que aquele feitor e o senhor do engenho causassem sofrimentos a outros, isso não me dava o direito de tirar suas vidas. A justiça pertence ao nosso Criador. Ele é que sabe quem deve e quem não deve.

Mas eu tomei minhas decisões e fiz o que era certo ao meu modo estúpido de pensar. Em meu espírito havia marcas de vidas alheias... Por esse motivo, sentia que minha estrada para o inferno já estava traçada. Por isso também não tinha coragem de me dirigir a Deus.

Mas, mesmo sem coragem de me dirigir a Ele, tive forças e pedi:

– Senhor, me perdoe – e novamente "perdi meus sentidos". Mas meus olhos ficaram abertos.

Desespero Tardio

Novamente recobrei meus sentidos. Já era dia. Vi que ainda estava preso ao tronco. Alguns escravos que passavam próximo a mim faziam o sinal da cruz e seguiam para seus afazeres.

Olhei para o chão. Em minha volta, a terra estava úmida de tanto sangue que saiu do meu corpo.

Algum tempo depois, avistei um dos feitores perto de mim.

– Tire-me daqui, senhor! Peço em nome de Deus. Meu corpo não aguenta mais – implorei.

O feitor não me deu atenção no primeiro momento, mas algum tempo depois caminhou em minha direção, ficou me observando e, em seguida, cuspiu em minha face e disse:

– Nem a terra vai querer comer sua pele nojenta – falou com ar de entojo e foi para outro canto qualquer do engenho.

Ainda preso ao tronco, eu sabia que as horas passavam porque via o sol mudando sua posição, mas estava sem noção do tempo.

Fim de tarde. Eu ainda estava preso. Gritei tanto por ajuda que dois feitores "vieram ao meu socorro". Eles estavam em uma carroça. Eu pensava que eles haviam ido ao meu socorro por causa dos meus apelos, mas não era por isso.

Assim que se aproximaram, um deles soltou minhas mãos. Eu estava "fraco" e, em consequência disso, meu corpo carnal desabou.

– Vamos! Ajude a colocá-lo na carroça! Vamos jogar seu corpo na estrada onde ninguém possa ver – disse um dos feitores.

Um deles pegou em meus braços, o outro, em minhas pernas. O que pegou em minhas pernas parecia estar com medo...

– Ele está vivo! – afirmou ele meio desesperado para o que segurava meus braços.

– Não seja estúpido. Ele está morto!

– Não! Veja. Seus olhos estão abertos. Ele está olhando para mim.

– Já disse que ele está morto. Vamos logo. Hoje é dia de visita aqui no engenho! Se algum missionário vir este corpo, teremos problemas – ele também estava em desespero, pois sabia que muitos que seguiam a crença imposta na época não permitiam que os escravos fossem mortos.

Eles ergueram meu corpo para colocar na carroça.

– Por favor! Não façam isso. Peço, em nome de Deus! – implorei.

Mas eles pareciam não estarem preocupados.

A carroça era aberta atrás. Olhei para o engenho e notei que alguém vinha em direção a ela. Era o escravo desconhecido que havia conseguido "fugir" quando estávamos no canavial. "Minha salvação", pensei.

– Homem! Peça a eles que não joguem meu corpo na estrada. Diga que estou vivo. Só não consigo me mexer porque estou fraco. Por favor, peça a eles! – implorei ao escravo desconhecido.

– Vou ver o que posso fazer – disse ele meio alto, ainda de longe e com um sorriso sarcástico em sua face.

Os feitores já estavam para sair, quando o escravo desconhecido foi para frente da carroça e gritou:

– Ei, seus idiotas! Ele está dizendo que está vivo. Vocês são surdos, é?

Mas os feitores também não deram atenção a ele.

O escravo desconhecido voltou para trás da carroça e, de forma sarcástica, se dirigiu a mim:

– Fiz o que você pediu, mas eles não estão nem aí. Quer que eu diga mais alguma coisa a eles? – ele ria, falava de forma irônica, como se estivesse zombando de mim.

– Então, tire-me daqui, por favor! – implorei.

– E se eles castigarem a mim? – perguntou ele ainda com um leve sorriso em sua face. Parecia gostar do que via.

Senti que a carroça começou a andar. Meu desespero aumentou. Por outro lado, o escravo desconhecido parecia não estar preocupado, tanto que parou de seguir a carroça e ficou gargalhando de longe.

– Seu maldito! – gritei – Isso é culpa sua! Você me induziu a matá-los!

– E você, idiota, o fez? – disse ele e gargalhou.

A carroça seguia. Eu tentava me levantar, mas não conseguia. Então, tentei girar meu corpo. Como a carroça era aberta, eu cairia e eles nem iriam ver.

– E conseguiu fazer isso? – perguntei ao Guia.

– Tentei, mas não consegui. Meu corpo estava "paralisado" por causa das horas de tortura. Assim pensei.

Estava desesperado, mas minha agonia aumentou quando a carroça parou próximo a um barranco. No fim daquele barranco, pude ver ossos de humanos e animais.

Eles começaram a tirar meu corpo da carroça, eu não podia deixar que me jogassem naquele lugar horrível. Então comecei a gritar:

– Parem, seus malditos! Estão trilhando seus caminhos para o inferno fazendo isso.

Eles não estavam preocupados e, sem amor alheio, jogaram barranco abaixo meu corpo carnal.

Lá de baixo, eu ainda pude vê-los entrando na carroça e seguindo sem ao menos olharem para mim.

– Malditos! – gritei. – Amaldiçoados sejam, miseráveis feitores!

Aquele lugar era horrível. Eu olhava à minha volta e só via restos de humanos e animais. Bichos e aves devoravam suas carnes.

– Meu Deus! Como aqueles sem alma tiveram coragem de fazer isso comigo? Ajude-me, Senhor! – clamei aos céus.

A noite chegou. Eu ainda estava ali. Por mais que tentasse, não conseguia mover meu corpo e, em consequência disso, o desespero aumentava.

Procurei me acalmar. Esperaria o dia seguinte. Se alguém aparecesse, eu pediria ajuda. Então, fechei meus olhos, acalmei-me e acabei adormecendo.

Eu não tinha ideia do tempo que passei dormindo, mas quando comecei a despertar, senti alguém mexendo em meu corpo. "Deus ouviu minhas preces", pensei ser alguém tentando me ajudar.

Quando consegui abrir meus olhos, vi que bichos e aves comiam partes do meu corpo, mais precisamente onde havia feridas.

– Saiam, seus malditos! – gritei.

A dor era imensa. Eu tentava espantar aqueles bichos, mas ainda não conseguia mover nenhuma parte do meu corpo, só conseguia olhar. Apenas meus olhos se mexiam. E, por causa disso, eles continuaram comendo minha carne.

Uma nova noite chegou. Procurei me acalmar, mas ainda pedia ajuda em meu mental, e assim adormeci mais uma vez.

Assim que despertei, notei a presença de dois homens na parte de cima do barranco.

– Ajudem-me, por favor! Tirem-me daqui! – gritei para que pudessem ouvir.

Eles pegaram alguns animais mortos e jogaram barranco abaixo. Alguns caíram por cima do meu corpo, e isso fez com que os bichos e as aves vivos viessem para cima de mim.

Os dois subiram em uma carroça e foram embora.

– Malditos! Voltem aqui! – gritei.

Eu estava a ponto de desistir. Já estava me entregando à "morte". "Dias" ali, muitas pessoas passavam sem me dar atenção, outras jogavam animais mortos, alimentos estragados dos plantios, enfim... Tudo o que não prestava jogavam naquele lugar, por isso senti não haver mais saída. Mas, mesmo sentindo isso, eu sempre pedia perdão pelo que havia feito.

– E, por acaso, o senhor teve noção de quantos dias ficou ali? – perguntei ao Guia.

– Bem, pelas minhas contas, foram uns dez dias. Mas eu não sabia precisamente, porque adormeci muitas vezes.

– Compreendi. E como conseguiu sair?

– Tive uma "ajuda"...

Era noite. Eu ainda estava pensando em desistir, sentia que a "morte" vinha em minha direção, quando olhei para a parte de cima do barranco e vi o escravo desconhecido.

– Por Deus! Você apareceu, homem. Ajude-me, por favor! – implorei.

– Feche seus olhos que eu vou até aí – disse ele meio alto. Ele estava um pouco longe.

– Fechar meus olhos? Mas para quê?

– Se quiser ajuda, faça o que estou mandando. Caso contrário, vou embora.

– Não! Por favor. Fique. Fecharei meus olhos.

E fechei. No mesmo segundo, pude ouvi-lo se dirigir a mim.

– Já pode abrir agora, seu idiota!

Eu estava tão desesperado para sair dali que nem quis saber como ele chegou tão rápido.

– Ajude-me, por favor. Não consigo mexer meu corpo.

– É claro que vou ajudar. Foi para isso que vim aqui – disse ele e deu um sorriso sarcástico.

Ele se ajoelhou próximo a mim e colocou sua mão perto da minha. Pude sentir que ele tentava segurar de forma firme.

– Está sentindo minha mão? – perguntou ele.

– Sim, estou! Mas não consigo segurá-la.

– Espere! – ele se concentrou um pouco e forçou novamente para segurar em minha mão.

– E agora? Veja se consegue segurar em minha mão.

– Sim! Consegui! – eu estava um tanto aliviado com aquela "ajuda".

– Ótimo! Agora, vou tentar te levantar... Segura firme aí! – disse ele e gargalhou.

Ele deu um tranco tão forte que eu fui parar na parte de cima do barranco. Para ser mais preciso, na estrada onde passavam as carroças.

O escravo desconhecido já estava lá à minha espera.

– Como subi tão rápido? – perguntei meio pasmo, caído ao solo.

Ele olhou para mim com cara de não estar entendendo nada.

– Você está se fazendo de idiota ou ainda não entendeu o que aconteceu, depois de tanto tempo? – perguntou ele.
– Por que está perguntando isso? – eu estava confuso.
– Você é mais idiota do que eu imaginava!
Eu me levantei com certa fúria por ele ter me chamado de idiota e fiquei diante dele.
– Não entendo... Você me induziu a matar dois homens, viu os feitores levando meu corpo e nada fez! E agora me chama de idiota? – eu ainda sentia ódio, mesmo após estar arrependido.
– Porque você é! Se não fosse, não estaria aqui!
Eu me aproximei dele enfurecido e gritei:
– Você é um sem alma!!
– Humm... Digamos que sou "sem corpo" – disse ele, com um leve sorriso.
– Eu quase morri por sua causa.
– Quase morreu? – perguntou e deu outra gargalhada.
Minha feição foi de não estar entendendo por que ele falava aquilo.
– Quer saber? Não vou ficar perdendo tempo com explicações. Melhor que você mesmo descubra – disse ele.
– Descobrir o quê?
Ele não respondeu, apenas levou uma de suas mãos para trás e começou a fazer movimentos.
Naquele instante, pude sentir uma energia estranha.
– O que está fazendo? – perguntei meio preocupado.
Mais uma vez, ele não respondeu, e rapidamente trouxe sua mão para a frente. Laçou meu pescoço com uma corrente e me puxou com estupidez, fazendo com que eu fosse de encontro ao solo e começou a me arrastar.
– Pare! Por que está fazendo isso? – gritei.
– Ah! Cale essa boca, maldito sofredor – disse ele e gargalhou.
Naquele momento, eu exalava ódio. Minha vontade era acabar com aquele que me arrastava pela corrente.
– Pare! Quando eu conseguir me soltar, vou levá-lo à morte, seu maldito!

– Duvido que consiga se soltar. Duvido também que consiga me levar à morte – novas gargalhadas.

Ele me arrastou por muito tempo. Eu pedia, implorava, mas ele não parava... Até que chegamos ao destino que ele queria.

Mesmo sendo noite, eu reconheci o local. Era o engenho onde vivi por anos.

– Você ficou louco? Tire-me daqui. Eles vão me matar.

– Não vão, não. Fique tranquilo – ele era zombador.

Não adiantava pedir. Ele não estava preocupado. Por outro lado, eu estava apavorado e fiquei ainda mais quando forcei para virar minha cabeça, ainda jogado ao solo, e vi Lurdes sentada em frente de sua casa. Ela tinha uma criança em seus braços.

Naquele momento pensei: "Esse traidor vai me entregar a ela. Eu vou morrer".

– Pare! – gritei puxando a corrente tentando impedi-lo. – Ela vai ordenar que me levem para o tronco, seu maldito. Pare! Eles vão me matar!

Ele não deu atenção aos meus apelos.

Chegamos próximo a Lurdes.

– Aqui está ele, senhora. Eu disse que iria capturar esse assassino, não disse? – disse ele a Lurdes.

"Maldito", pensei e fechei meus olhos para não ver a reação de Lurdes.

Naquele instante, achei algo estranho. Lurdes não teve reação nenhuma depois que o escravo desconhecido se dirigiu a ela. Então, abri meus olhos e notei que, realmente, ela parecia não estar preocupada com nossa presença.

Mesmo assim, eu ainda estava apavorado. Não queira sofrer outro castigo.

– Por Deus, homem. Tire-me daqui. Eu lhe imploro.

Ele balançou a cabeça negativamente, como se não acreditasse nas coisas que eu falava.

– Mas você é muito idiota mesmo, não? – ele puxou a corrente e fez com que eu me levantasse ficando de frente para Lurdes. – Não vê que ela não está preocupada com nossa presença, seu imbecil?

"Sim. É verdade", pensei. Mesmo estando evidente, eu ainda não estava ciente do meu estado.

– O que está acontecendo, homem? Por que estamos aqui? Por que ela não está preocupada com nossa presença?

– Não vou dizer. Estou cheio de ficar explicando o que aconteceu a idiotas como você. Force um pouco seu mental e tente entender.

Eu não estava entendendo nada, mas ainda estava apavorado, e aquele escravo desconhecido apenas zombava da situação.

Ele percebeu que eu não conseguiria entender o que havia acontecido, então resolveu forçar para que eu compreendesse tal estado...

– Imbecil! Como consegue ficar assim por anos e ainda não entender? Bem, para você ver como estou "compadecido", vou dar uma forcinha para que se lembre – falou de forma irônica e prosseguiu: – Você não foi jogado barranco abaixo, após ser açoitado por horas?

– Sim! Mas o que isso tem a ver? – eu já imaginava o que havia acontecido, mas não queria acreditar.

– Quantos dias ficou ali? – perguntou ele.

– Não sei. Adormeci muitas vezes. Mas acho que foram pelo menos dez dias!

– Só isso? – perguntou ele e gargalhou zombando de minhas palavras. – Olhe essa criança nos braços dela... Vê alguma semelhança com alguém?

Eu olhei. Era um menino.

Naquele momento, pensei: "Ele se parece com o dono do engenho".

O escravo desconhecido novamente gargalhou e disse:

– Pela cara que você fez, com certeza já viu que essa criança se parece com alguém. Mas já percebi também que você ainda não entendeu o que aconteceu ou não está querendo acreditar. O que é mais provável... Mesmo assim, vou dar mais uma forcinha para que entenda, meu caro amigo – sim, ele era irônico em suas palavras. – Essa criança está prestes a completar cinco anos. E agora? Já entendeu ou preciso dar mais algumas dicas? – e novamente gargalhou.

Fiquei apavorado. "Eles não tinham essa criança! O que aconteceu?", pensei e perguntei a mim mesmo.

Olhei para algumas partes do engenho e vi que várias coisas haviam mudado. Olhei para a senzala, ela também estava diferente, não muito, mas estava. Notei a presença de alguns escravos diferentes. Pouco depois os reconheci. Eram os jovens filhos de outros escravos. Vi também alguns mais velhos. Eu os reconheci. Mas, apesar de ainda estarem no engenho, pareciam não serem tratados como escravos.

Aquilo fazia sentido para mim, tanto que não fiquei nem muito abismado. Pelo que pude entender naquele momento, com a morte de seu companheiro, Lurdes herdou o engenho, e como ela não gostava de ver o sofrimento dos que ali trabalhavam, resolveu mudar tudo.

Algum tempo depois, me lembrei do velho Miguel, Joaquim, Barnabé e dos conselhos daqueles grandes sábios para mim. O primeiro conselho que surgiu em meu mental foi um recebido de Joaquim:

"Filho, guarde bem o que vou dizer agora! Nunca subestime os que habitam a escuridão! Pois, assim como os espíritos de luz, muitos deles carregam sabedoria. Porém, usam-na para fazer maldades! Além disso, também têm o dom de desviar nossos caminhos caso estejamos em desequilíbrio! Alguns, inclusive, aproveitam-se dos nossos pontos fracos para tal ação".

Agora, estava claro para mim. Sim, eu estava morto. Só não sabia ao certo quando havia acontecido.

Mas, mesmo assim, eu não queria acreditar naquela realidade...

– Não pode ser. Não posso estar morto! – disse de forma desesperada.

– Mas está, seu imbecil! Você não ficou dez dias em meio a restos humanos e de animais mortos. Foram quase cinco anos! E olha que estou levando em consideração o tempo da Terra, hein! Porque tenho certeza de que você não sabe reconhecer o tempo do mundo em que pediu para vir – e gargalhou.

Eu estava desesperado. Fechei meus olhos e pedi a Deus que me acordasse daquele "sonho".

– Está em prece, miserável? Vai pedir ajuda? Duvido que a tenha! – e novamente gargalhou.

Eu chorei. Em pensamento, eu pedia perdão e ajuda, mas com o passar do tempo, sentia que não a teria.

Porém, o escravo desconhecido não estava preocupado com minhas lamúrias.

— Bem. Agora que você não é mais um perdido, vamos embora — disse ele e me arrastou para longe do engenho.

Paramos próximo ao barranco de onde eu fui jogado. Ele tirou a corrente que estava presa em meu pescoço. Ainda jogado ao solo, clamei:

— Pai, ajude-me! Por favor!

— Está perdendo seu tempo, idiota! Ele não vai ouvi-lo... Acha mesmo que é digno de sua misericórdia?

"Não. Eu não sou", pensei.

Eu estava desconsolado. Não conseguia acreditar que, depois de tantos conselhos recebidos, ainda assim agi como um verdadeiro estúpido.

— Então, isso quer dizer que, naquele momento, o senhor já tinha todas as lembranças de quando esteve na carne. Estou certo? — perguntei ao Guia.

— Já tinha e ainda tenho! Mas estão ocultas. Não deixo que elas façam com que eu caia em desequilíbrio. Mas quando vejo que é preciso, uso meu passado como exemplo para os que estão na carne.

Bem, como eu tinha todas as lembranças em meu mental, já estava certo de estar vivendo em espírito. Mas algo ainda me perturbava, e estava relacionado com aquele que fingia ser meu amigo em meio ao canavial.

— Seria o fato de ele aparecer somente quando o senhor estava sozinho?

— Isso, também, meu caro. Mas também havia outra coisa... Eu achava que ele estava vivo quando fingia me ajudar.

— E não estava?

— Claro que não! Lembra-se do que eu disse ter visto quando estava separando, junto de minha mãe, o que seria colocado na carroça, quando ainda estávamos no engenho?

— Quando tinha mais ou menos 15 anos?

— Exatamente!

— Disse que viu alguns escravos indo em sua direção. Se não me engano, eles tinham sido torturados naquele mesmo dia. Aí, o senhor correu, perdeu os sentidos e caiu. Ficou desacordado por quase dois dias.

— Exatamente! Mas aqueles escravos não foram torturados naquele mesmo dia!

— Então, quando?

— Nem eu sei! Mas uma coisa posso afirmar: eram espíritos. Todos eles.

— E por que apareceram para o senhor?

— Você já vai entender. Vou prosseguir.

Bem, como eu estava confuso, achando que o escravo desconhecido estava vivo quando aparecia no canavial, ainda jogado ao solo, comecei a buscar em meu mental tudo o que aconteceu. Minha vida passou diante de meus olhos.

Foram poucos segundos, mas suficientes para entender por que aquele escravo desconhecido ia ao meu encontro. Eu me lembrei do dia em que ajudei Joaquim a libertar Lurdes de uma força negativa que tomava seu espírito. Recordei-me de que Joaquim pediu para que eu ficasse em prece e só respondesse caso ele mesmo chamasse por meu nome. Depois disso, lembrei-me de ter sentido uma energia ruim. Era a de um espírito. Recordei-me, também, da pergunta que Joaquim fez àquele espírito e da resposta que recebeu.

— "Pelo visto, nunca irá desistir de sua injusta batalha, não?" – essa foi a pergunta que Joaquim fez a um espírito que queria vingança.

— "Nunca! Só vou desistir quando acabar com o maldito dono deste engenho e com essa raça miserável de feitores!" – afirmou ele.

Naquele momento, eu já tinha uma certeza: "este ao meu lado só pode ser aquele espírito que queria vingança", pensei.

— Agora, meu caro, você consegue entender quem era aquele espírito que queria vingança?

— O mesmo que aparecia no canavial?

— Exatamente! Ele queria se vingar dos feitores e do senhor do engenho e, como viu que eu tinha o dom de ver espíritos, utilizou-se disso e de minha fraqueza.

— E sua fraqueza seria a de não suportar ver tantos sofrimentos contra os escravos. Seria isso?

— Isso mesmo! Ele sabia que eu podia ver espíritos! Por isso aqueles escravos em espírito vieram ao meu encontro. Eles também sabiam que eu podia vê-los... Foram em busca de ajuda, de direcionamento espiritual. Mas o escravo desconhecido, não. Ele utilizou-se do dom que eu havia recebido e de minha fraqueza quando eu ainda estava na carne, e fez com que eu ficasse em desequilíbrio, desejando a morte do feitor e do senhor do engenho... Teve sucesso. E tudo por quê? Eu havia subestimado os que habitavam na escuridão e entrei na mesma vibração deles! Então, como ele foi inteligente, fez com que eu tirasse a vida de dois homens. Logo, eu seria cobrado, e não ele. Tanto que, em nenhum momento, ele disse: "você tem que matar eles" ou algo do tipo. Ele apenas me induziu a isso. É assim que muitos Trevosos evoluídos fazem. Eles só aguçam suas fraquezas para que você tome a decisão errada. De forma resumida... Eu entrei na vibração daquele Ser por ficar alimentando ódio dentro de mim. Logo, se entrei, teria de dar um jeito de sair. Mas não o fiz, mesmo sendo orientado pelos mais velhos. E qual foi o resultado? Ele usou minha fraqueza para atingir seu objetivo.

Mesmo sentindo que não merecia me dirigir a Deus, continuei tentando, mas aquele Ser ao meu lado sabia que seria inútil.

— Pelas minhas contas, você passou os últimos dois anos pedindo perdão e ninguém veio em seu auxílio. Mas pode continuar tentando. Uma hora você consegue — e gargalhou. Ele literalmente zombava do meu desespero.

— Você não tem amor alheio?! Como tem coragem de zombar de minha situação? – o homem que era bruto na carne, naquele momento, era um espírito em desespero.

— Amor alheio, eu? – ele já não zombava. Estava nervoso. – Por acaso tiveram amor por mim antes de ceifarem minha vida? – gritou. – Aquele maldito feitor teve amor por mim antes de abusar de minha companheira? – ele continuava gritando. – Aquele sem alma sabia – falava do dono do engenho. – Mesmo assim, fez vista grossa. Então, não venha falar de amor para mim. Aqueles miseráveis mereciam a morte mesmo!

— Mas por que me usou para fazer aquilo? Agora, veja em que mundo estou! – eu estava apavorado.

– Usei você por saber que conseguiria ver a mim. E também porque era um fraco. Seria fácil dominar sua mente.

"Sim, realmente, eu era um fraco. Não trabalhei o que me deixava em desequilíbrio e ele usou isso", pensei.

– E não me venha reclamar do mundo em que agora está. Foi você quem fez esta escolha – ele afirmou.

Furioso ao ouvir que eu fiz tal escolha, me levantei, fiquei diante dele e gritei:

– Eu fiz essa escolha? Você ficou louco? – eu já sentia ódio em meu espírito.

– Claro que fez, seu imbecil! Você pediu por três vezes para que eu o levasse para meu lugar de refúgio. Esse mundo é meu refúgio. Só fiz o que você pediu – disse ele e gargalhou.

"Sim. Isso foi verdade. Eu me lembrei daquele dia", pensei.

– Então, na verdade, quando ele disse que ia ver se o caminho estava livre quando ainda estavam no canavial, ele foi ver qual caminho os feitores faziam e o guiou até que os encontrasse. E como todos sabiam quem era o culpado pelas mortes, o que fingia ser seu amigo estava certo de que iriam ceifar sua vida. Estou certo? – perguntei ao Guia.

– Exatamente! E eu, na minha estupidez, me deixei guiar. Mas havia um motivo para ele ter feito tudo o que fez, além de querer vingança. Com mais um espírito ao seu lado que não gostava de feitores e senhores de engenho, ele poderia colocar em prática seu plano. Logo você entenderá.

Então, me ajoelhei e novamente roguei aos céus:

– Pai, peço perdão! Este não é o meu mundo.

– Ah! Pare de ficar se lamentando. Você está onde pediu para estar! Agora, eu vou cuidar de outros. Há mais alguns que precisam pagar pelo que fizeram comigo – e em fração de segundos, sumiu do lugar onde estávamos.

Ali, fiquei sozinho a pensar nas insanidades que havia cometido. "Como pude ser tão inocente em acreditar em um Ser como aquele? Por que não dei ouvidos a todos os Velhos Sábios que tentaram me ajudar?", pensei.

Já era tarde. Assim senti. E como não via outra saída, desci até o final daquele barranco e lá fiquei jogado, desejando que meu espírito fosse reduzido a nada.

Mas não adiantou. Fiquei ali por muito tempo e, por mais que desejasse, meu espírito não seria reduzido a nada... Estava condenado a pagar por meus erros, não tinha dúvidas quanto a isso, pois merecia aquele sofrimento. Não era Deus quem estava me condenando. Eu que me autocondenei.

Tempos após ficar pensando em meio a restos mortais de humanos e animais, algo veio ao meu mental: "Talvez eu possa mudar meu destino, caso dê certo", pensei.

– E o que pensou em fazer? – perguntei ao Guia.

– Em procurar ajuda. Alguém haveria de me ajudar. Isso era o que eu desejava. Se iria dar certo? Só tentando para saber.

Em Busca de Ajuda

Saí daquele lugar horrível e comecei a perambular. Estava à procura de alguém que pudesse me ajudar. "Se eu, em vida, via e ouvia espíritos, alguém também há de me ver e escutar", pensei.

Caminhei durantes dias. Melhor dizendo... Eu achava que eram dias. Quando via alguém na carne, corria em sua direção e implorava por ajuda. Mas era inútil. De todos dos quais eu me aproximava, apenas outros espíritos perdidos conseguiam ver meu desespero, mas esses nada podiam fazer. Quanto aos encarnados, às vezes, eu me aproximava de alguns por ver luz e sentir paz em seus espíritos. Mas alguns se sentiam mal com minha presença.

Tentei de várias formas conseguir ajuda, até a capelas fui, mas em vão. Os religiosos que sentiam minha presença apenas oravam pedindo a Deus que meu espírito fosse direcionado. Mas pude perceber que muitos deles faziam preces a fim de afastar aquela energia ruim, energia essa que meu espírito emanava.

– E soube precisar o tempo em que ficou em busca de ajuda?

– Eu ainda não tinha noção do tempo do mundo em que vivia. Por isso, achei que foram apenas alguns dias em busca de ajuda. Mas, não. E tive essa certeza porque passei várias vezes pelos mesmos lugares e via as mudanças. Mas, ao saber precisar o tempo real do mundo onde vivia, tive a certeza do tempo. Para você ter ideia desse tempo, fiquei mais de 20 anos perdido em busca de ajuda. Sem levar em consideração os quase cinco anos que meu espírito ficou preso ao meu corpo carnal naquele barranco, enquanto eu pensava ainda estar vivo. Estou levando em conta o tempo em que vocês vivem aqui no plano terrestre, pois um dia naquele mundo parece ser uma eternidade... Vou prosseguir.

Como eu ainda estava perdido, mas ciente do meu estado de espírito e necessitando de ajuda, tive outra ideia: "Sim! Vou voltar para o engenho! Lá, além do velho Miguel, vivem muitos negros sábios. Talvez algum deles consiga ajudar a direcionar meu espírito", pensei.

E foi o que fiz. Caminhei durante algum tempo até chegar ao engenho.

Lá, notei que havia acontecido outras mudanças, mas não dei muita atenção, estava mais preocupado em encontrar o velho Miguel ou outro escravo com quem eu pudesse conversar e pedir ajuda.

Fui à procura do velho Miguel, mas ao chegar ao local onde fazíamos nossos rituais, vi que a grande maioria dos negros que ali estavam era diferente. O local também estava mudado. Além disso, notei que o tronco onde eu fui açoitado até a morte não estava mais no seu lugar. Foi tirado daquele engenho. Os escravos pareciam estar felizes, não tinham marcas de açoite em seus corpos.

Mesmo sabendo que Lurdes não gostava de ver o sofrimento dos escravos, achei tudo aquilo muito estranho... – Escravos felizes por serem escravos? – perguntei a mim mesmo.

Resolvi ir até a casa do dono do engenho. Também estava diferente, mas do lado de fora ainda havia o pequeno cômodo. Era o mesmo onde ele fazia suas preces.

Adentrei aquele cômodo. Ali havia algumas pessoas. Homens e mulheres. Todos eram negros. Vi algumas imagens em um balcão coberto com um pano branco. Eram as mesmas imagens para as quais o dono do engenho fazia suas preces. Além delas, havia outras.

Vi uma senhora adentrar aquele espaço. Ela aparentava ter entre 50 e 60 anos. Eu me lembrei dela. Era Lurdes. Ela começou a conversar com alguns dos que ali estavam.

Pouco tempo depois, vi um senhor negro vindo em minha direção. Ele carregava um rosário em uma de suas mãos. O rosário era feito de sementes. Ao passar por mim, ele fez o sinal da cruz e seguiu em direção a Lurdes.

Eu estava confuso com tudo o que havia visto. Mas ficaria ainda mais, após ouvir o que Lurdes e ele iriam conversar.

Lurdes olhava para as imagens, quando aquele senhor que fez o sinal da cruz ao passar por mim se dirigiu a ela:

– Se quiser, posso explicar novamente, minha senhora – falou aquele senhor.

– Acho que vou precisar mesmo de suas explicações – disse Lurdes sorrindo, e se aproximou de uma das imagens. – Esse?... Quem representa? – perguntou Lurdes. Ela apontava para uma das imagens.

– Este, minha senhora, é o Cavaleiro das Espadas! O Senhor dos Caminhos! Orixá ordenador! Por meio dessa imagem é que nós nos aproximamos da força desse Orixá. Um dos que trabalhavam aqui nos ensinou como nos aproximar dessa grande força por intermédio dessa imagem. Seus ancestrais já o cultuavam! Ele, por sua vez, contou tudo o que sabia, assim como outros também trouxeram aos nossos conhecimentos as forças de suas origens.

– Então, vocês usam essa imagem para se aproximarem da Força deste Orixá? – perguntou Lurdes.

– Isso mesmo, minha senhora! Em outras palavras, usávamos essas imagens como referência para saudar as forças de nossas origens.

– Ele é quem vocês chamam de Senhor da Lei. Estou certa? – perguntou Lurdes.

– Sim, minha senhora! – afirmou aquele senhor e se aproximou de outra imagem. – Este é o Senhor das Almas. É quem rege os mistérios da evolução – em seguida, ele apontou para outra imagem. – Este também é o Senhor das Almas. Seu campo de atuação é na geração, mas sua força também atua sobre aqueles que trilharam caminhos errados em vida e que, depois do desencarne, decidiram continuar a seguir pela escuridão... É ele quem vibra para o esgotamento desses espíritos desvirtuados, a fim de conseguirem seguir novos rumos – e se aproximou de outra imagem. – Este é o Senhor do Conhecimento. Regente das Matas!

– Ele é quem vocês chamam de Senhor das Matas? – perguntou Lurdes quase certa da resposta.

– Exatamente, minha senhora!

– E esta é a Mãe do tempo e aquela é a Deusa do amor. Estou certa?

– Está sim, minha senhora.

Fiquei abismado. Para mim, aquilo parecia um sonho... Por que Lurdes estava conversando tranquilamente com os escravos e falando sobre os Sagrados Orixás?

– E descobriu o motivo? – perguntei ao Guia.

– Sim! Mas somente anos depois.

Eles permaneceram conversando. Aquele senhor continuava a ensinar Lurdes, até que chegou um homem. Ele aparentava ter seus 30 anos.

Não precisei fazer muito para descobrir quem era aquele homem.

– Olá, meu filho! – era Lurdes quem o cumprimentava.

Ele a abraçou e, em seguida, beijou sua mão.

– Sua bênção, minha mãe – e se dirigiu ao senhor que estava ao lado de Lurdes. – Olá, senhor José! Minha mãe ainda não aprendeu sobre eles? – perguntou e sorriu.

– Não há problema no fato de ela não gravar os nomes dos nossos Sagrados Orixás, senhor Otávio. O importante é a fé que nossa senhora tem! – José respondeu sorrindo.

– José... Quantas vezes preciso dizer que não há necessidade de me chamar de senhora? – disse Lurdes, de forma séria, mas sem ofender José. – E não precisa pedir desculpas – completou sorrindo. E, abraçando José, finalizou: – Pode me chamar de Lurdes. Mas, caso se sinta bem me chamando de senhora, tem meu consentimento.

A conversa entre eles continuou até o anoitecer. Eu já estava pasmo, contudo, ficaria mais, pois estava prestes a ver algo que jamais imaginaria ver enquanto estive em vida na carne.

Lurdes e seu filho Otávio foram até o barracão onde fazíamos os cultos. Havia muitos escravos e escravas lá dentro. Melhor dizendo, trabalhadores. Eles não eram mais escravizados.

– Só estávamos à sua espera e de sua mãe, senhor Otávio – disse um deles.

– Peço desculpas, senhores. Mas também tenho de cuidar das exportações. Afinal, esse é nosso sustento, não? – disse Otávio e sorriu.

– Claro, meu senhor!

– Já disse que não precisam me chamar de senhor – Otávio falava como se todos fossem de sua família.

Todos deram as mãos e fizeram uma prece. Em seguida, alguns dos que ali estavam começaram a tirar sons dos tambores. Muitos dançavam e cantavam. Otávio, Lurdes e outros batiam palmas.

Algum tempo depois, um dos que estavam dançando convidou Otávio para se juntar a eles. O rapaz ensinava Otávio a dançar para os Orixás. Enquanto Otávio dançava junto aos negros que saudavam os Orixás, Lurdes continuava a bater palmas. Ela e seu filho pareciam estar felizes.

"Isso é impossível!", pensei.

Mas era real. E tive essa certeza naquela mesma noite, assim que eles terminaram de louvar os Orixás.

– Bem, senhores, agradeço pela noite de hoje – era Otávio quem falava. – Agora preciso descansar meu corpo. E minha mãe também precisa de descanso.

– Que Deus e os Sagrados Orixás guardem a noite de descanso de vocês – disse um dos que ali estavam.

Como eu estava confuso, resolvi seguir Otávio e Lurdes para ouvir o que conversavam enquanto caminhavam para sua casa.

– Não consigo imaginar como meu pai proibia essas pessoas de cultuarem seus Deuses, minha mãe – disse Otávio.

– Orixás, meu filho. Orixás! – corrigiu Lurdes, sorrindo. – Seu pai realmente não gostava. Aliás, muitos não gostam. Acham que eles estão invocando coisas ruins. Mas seu pai era obrigado a aceitar, até porque eles usavam essas mesmas imagens para fazer referência aos seus Sagrados Orixás. Além disso, alguns homens sempre visitavam o engenho para ver se os trabalhadores estavam servindo a Deus. Por esse motivo, também, seu pai não podia proibir!

– Sim, minha mãe. Por isso, decidi manter o altar do meu pai e colocar mais imagens, até mesmo no galpão onde estávamos. Assim, se aparecer alguém, não vai imaginar que nossos trabalhadores estão louvando seus Orixás.

Fiquei ainda mais confuso. O herdeiro do senhor do engenho e sua mãe aceitando e louvando os Orixás junto aos trabalhadores? Sim. Foi isso o que perguntei a mim mesmo naquele momento. Mas havia um motivo para que aquela situação existisse.

– E o senhor descobriu esse motivo? – perguntei ao Guia.

– Sim. Tudo estava ligado com a época em que eu tinha mais ou menos 15 anos. Mais precisamente, com o fato que aconteceu comigo.

– Quando ficou desacordado por quase dois dias?

– Exatamente! Depois que descobri tudo, agradeci por Joaquim ter passado seus ensinamentos a outros, além de mim. Eles fizeram o que eu deveria ter feito. Ajudaram Lurdes. Otávio tinha de vir ao mundo para ajudar os que ele mesmo fora contra, em vidas passadas. Durante minha narrativa você entenderá. Vou prosseguir...

Eu ainda não acreditava no que havia visto, então resolvi ficar alguns dias por ali, até porque me sentia bem. Minha intenção era ter a certeza de que tudo aquilo era real, além de também tentar encontrar o velho Miguel para que pudesse conversar, caso ele tivesse o dom de ouvir ou ver espíritos.

A certeza de que tudo aquilo era real confirmou-se dias mais tarde, pois vi novamente o herdeiro do senhor do engenho e Lurdes louvando os Orixás junto aos negros que ali trabalhavam.

Eu precisava de algum jeito encontrar o velho Miguel. Fui ao canavial, estive onde os trabalhadores separavam o que seria exportado, no plantio, enfim... Rodei o engenho, até que caí na realidade: "O velho Miguel já tinha uma idade bem avançada, o herdeiro do senhor do engenho está com 30 anos ou mais... É bem provável que o velho Miguel não esteja mais na carne ou tenha sido dispensando", pensei.

– E isso realmente aconteceu? – perguntei ao Guia.

– Não tenho dúvidas quanto a isso. Ali, ninguém era mais escravo. Todos eram tratados como verdadeiros seres humanos. Trabalhavam? Sim! Mas tinham dias para descansar, e eram bem tratados por Otávio e Lurdes. Eu tinha certeza de que Lurdes e Otávio não iriam dispensar um senhor com a idade avançada para que ele ficasse à própria sorte. Por isso, eu estava certo do desencarne do velho Miguel.

Bem, como não encontrei o velho Miguel, achei que poderia ter ajuda de outros que ali viviam. Então, fiquei uns dias perto de alguns, tentava conversar, pedia auxílio, rogava aos céus que me ajudassem a encontrar alguém com o dom de ver ou escutar espíritos para que eu pudesse ser encaminhado. Mas o máximo que consegui foi esgotar alguns, pois como eu estava praticamente como um Ser perdido, sugava de maneira inconsciente suas energias.

"Para mim é o fim. Sinto que estou sendo cobrado por meus erros. E se há alguém aqui para me ajudar, isso não seria permitido." Assim pensei, até que em um dos dias de Culto aos Orixás...

O culto já havia terminado e eu estava dentro do galpão, a maioria das pessoas tinha saído. Ficaram apenas dois ali. Um jovem de aproximadamente 20 e poucos anos e um senhor que já passava dos 50 anos. Era José. O mesmo senhor que explicou sobre as imagens para Lurdes. Foi ele quem fez o sinal da cruz ao passar perto de mim.

O jovem ia saudar e cobrir os tambores, quando José, que estava ao lado, pediu:

– Filho, sei que você é o responsável por isso. Mas gostaria que me deixasse saudar e cobrir os tambores hoje.

– Claro, senhor José! – disse aquele jovem, e saiu do galpão.

Sozinho dentro do galpão, o velho José agia normalmente, mostrando estar só enquanto saudava os tambores e os cobria com um manto. Depois, sentou-se em um banco próximo e fez uma prece com seu rosário em mãos. Em seguida, ficou olhando para o "nada". Parecia estar distante.

Eu não sabia o que fazer – ele fez o sinal da cruz ao passar por mim. "Será que está vendo meu espírito?", pensei.

O velho e sábio José continuava com seu olhar distante. Estava sereno.

Quanto a mim, nada fazia. Ainda pensava: "Mesmo que ele esteja me vendo e queira me ajudar, não sou digno de receber a luz. Afinal, sou um assassino. Matei um feitor e sou o culpado por Otávio não ter conhecido seu pai. Meu destino é ficar perdido, até ser capturado por um dos que reinam nas trevas e ser escravo deste".

Ainda esperançoso me aproximei de José, abaixei para ficar à sua altura, olhei em seus olhos para ver sua reação. Ele continuou com seu olhar distante e sereno, mesmo com minha face estando a centímetros da dele.

"Sou um tolo mesmo! Por mais que eu implore aos céus, não terei ajuda", pensei.

Sem esperanças, eu me levantei e comecei a caminhar para sair do galpão. Já havia desistido, quando ouvi:

– Se continuar a vibrar de forma negativa, nunca deixará o mundo em que vive – disse aquele senhor.

Abismado, me virei rapidamente e me dirigi a ele:

– O senhor consegue ver meu espírito? Pode ouvir meus pensamentos? – perguntei meio pasmo.

– Acha mesmo que eu estava apenas em prece? Acha que foi à toa que pedi para cobrir os tambores? Claro que não! Acompanho sua vibração desde que aqui chegou seu espírito.

– Mas, se o senhor já viu meu espírito aqui, por que nunca se dirigiu a mim antes?

– Porque eu não tinha nada a dizer. E só disse sobre sua vibração negativa porque fui intuído a isso!

Sim. Mesmo depois de tudo o que fiz, alguém ainda acreditava em mim. Era esse "alguém" que tentou ajudar de alguma forma, intuindo o velho e sábio José. Se esse "alguém" estava em vida na carne ou em espírito, não importava. O fato é que conseguiu.

Naquela hora, pensei: "Não foi à toa que ele se dirigiu a mim. Este senhor pode me ajudar".

Resolvi pedir ajuda...

– Senhor, preciso de ajuda! Não consigo encontrar caminhos para seguir. Há anos estou perdido, sem direcionamento.

– E acha que merece direcionamento? – ele perguntou e ficou olhando em meus olhos.

Fiquei em silêncio.

Ele prosseguiu:

– Só fiz essa pergunta porque realmente não sei. Cabe a você dizer se merece ou não o direcionamento. Como posso orientá-lo, sem que você mesmo saiba se merece ou não? Não sei o que aconteceu em sua vida na carne, mas sei que precisa de ajuda. Porém, não posso interferir, caso esteja pagando por algo que fez.

Ele de fato não sabia o que eu havia feito, mas eu sim. Estava ciente de estar pagando por minhas ações. Estava sendo cobrado por mim mesmo. Estava sendo atormentado pelo meu próprio mental desde que deixei a carne.

Ainda assim, sentia que a ajuda estava diante de mim. Então, resolvi dizer para aquele senhor tudo o que atormentava meu espírito.

– Senhor, meu nome é Akin... E comecei a narrar tudo o que tinha acontecido quando eu ainda estava em vida na carne.

Não escondi nada. Contei desde o fato ocorrido aos meus 15 anos, quando fiquei desacordado por quase dois dias, a morte do feitor e do senhor do engenho, até meu corpo carnal ser jogado em meio a restos mortais, e eu ter ficado preso por anos na carne que mantinha meu espírito, para, depois, perdido, voltar àquele engenho.

Foram horas de conversa. E, durante minha narrativa, o sábio senhor José parecia estar certo de algo, do qual eu também tive a certeza, mas somente anos depois...

– Deixe-me ver se entendi, Akin. Disse que ficou desacordado por quase dois dias quando tinha apenas 15 anos. Estou certo? – o velho José perguntou.

– Sim, senhor José.

– E não se lembra de nada do que aconteceu enquanto ficou desacordado?

– Não! Como disse durante minha narrativa, só posso afirmar que algumas mudanças foram acontecendo com o passar dos tempos.

– Como o fato de ter ajudado na cura de nossa senhora Lurdes, a mãe de Otávio, certo?

– Isso mesmo, senhor. Mas, infelizmente...

– Subestimou os que habitam a escuridão – José afirmou antes mesmo que eu terminasse de falar.

– Mas eu estava certo de que ele queria me ajudar – eu falava do Ser que aparecia para mim no canavial e fingia ser um escravo ainda em vida.

José balançou a cabeça de forma negativa.

– Sinto lhe dizer, Akin, mas você agiu como um tolo. Onde já se viu alguém querer nos ajudar fazendo com que levemos outros à morte?

"Sim. Ele está certo. Fui um verdadeiro estúpido ao acreditar naquele Ser", pensei.

— Já parou para pensar na linda missão que tinha? — perguntou José.

— Outros me falaram a mesma coisa, senhor, mas nunca disseram qual seria minha missão.

— E você? Sabe qual seria sua missão? — José era firme em suas perguntas.

— Nunca chegou ao meu conhecimento. Mas eu tinha quase certeza de que seria uma linda missão.

— Se não chegou ao seu conhecimento, como queria que outros soubessem, Akin? — José parecia não acreditar nas insanidades que eu havia cometido. — O que aconteceu fora algo que pertencia somente ao nosso Criador, aos Seres de Luz e ao principal: seu espírito!

"Joaquim havia dito a mesma coisa", pensei.

— Mas o que os Seres de Luz têm a ver com aquele fato, senhor? — perguntei.

— Não seja tolo, Akin! Acha mesmo que seu espírito saiu sozinho e ficou perdido por quase dois dias?

Parei para refletir. Joaquim, o velho Miguel, Barnabé e tantos outros disseram a mesma coisa.

Mesmo sem saber o que aconteceu quando fiquei desacordado, estava ciente de ter cometido um grande erro quando estive na carne.

— Amaldiçoado seja meu espírito por toda eternidade! — falei com ódio exalando em meu espírito.

— Cuidado com o que pede, Akin! O poder de suas palavras pode fazer com que seu espírito afunde. E, dependendo de onde estiver, as consequências podem ser dolorosas... O verdadeiro sábio pensa antes de falar e, muitas vezes, nada diz. É aí que a sabedoria reina diante dos tolos.

O ódio que eu tinha na carne já estava pairando em meu espírito. Ódio de mim mesmo... "Como pude ser tão estúpido?", pensei.

Mas consegui ter forças para fazer com que aquela energia ruim fosse embora. Todavia, não por muito tempo.

— E o que faço agora, senhor José?

— O principal é tentar esquecer seu passado e trabalhar sua fraqueza. Conseguindo isso, talvez encontre a paz e o perdão para seu espírito.

Tenho a dizer somente isso. Melhor dizendo... Fui intuído a dizer apenas isso. Caso eu diga mais coisa, estarei expressando minha opinião. Agora, se me permite, preciso repousar meu corpo – José se levantou e caminhou vagarosamente até a porta.

Mas, antes de sair, aquele sábio negro me perguntou:

– Sentiu paz enquanto esteve aqui?

Assenti com a cabeça dizendo que sim.

– Pois então, se quiser voltar, esteja à vontade.

– Posso voltar? – perguntei preocupado. Afinal, eu ainda era um espírito que vibrava de forma negativa.

José sorriu e disse:

– Se nossos Orixás permitiram que você ficasse aqui, quem somos nós, meros mortais, para impedir? – e saiu para repousar seu corpo físico.

O Guia interrompeu a narrativa e se dirigiu a mim:

– Percebeu, meu caro, como é imensa a sabedoria de nosso Ser Supremo e de suas Divindades Sagradas?

– Poderia explicar melhor? – eu quis saber mais.

– Claro! Talvez eu já tivesse pagado por tudo o que havia feito de errado. Afinal, não foi à toa eu ter ficado preso por anos na carne que mantinha meu espírito e, depois, perdido em busca de ajuda. Muitos dos que cometeram atos insanos foram pegos por Trevosos e feitos escravos das trevas. Alguns, quando se arrependiam e até sofriam esgotamentos em seus espíritos, eram resgatados para percorrer novos caminhos, seguidos da evolução. Se assim fosse permitido, e claro... Se quisessem evoluir! Eu não fui pego por Trevosos. Fiquei preso na carne, jogado entre restos mortais, pagando pelo que havia feito. Depois, fui tirado do corpo que mantinha meu espírito e fiquei perdido por anos também, até pensar em procurar ajuda no engenho. Compreendeu agora? – o Guia indagou.

– Sim. Como o senhor havia ficado preso na carne e perdido por anos, o que talvez faltasse fosse o direcionamento. E, como não foi pego por Trevosos, os Orixás ou os Seres de Luz o encaminharam de volta ao engenho, para que pudesse receber ajuda. Seria isso? – perguntei.

– Essa foi a verdade na qual acreditei. E acredito até hoje. Mas algo me deixou desconfiado: José disse que foi intuído a me dizer algumas coisas. Quem o teria intuído? Fiz essa pergunta a mim mesmo. Eu não ficaria sem a resposta. No decorrer de minha narrativa, você entenderá. Mas posso adiantar algo: quando temos fé, não importa a distância... Podemos, sim, levar nosso mental ao sagrado, a fim de tentar ajudar quem precisa – o Guia afirmou.

– Bem, então, isso quer dizer que tudo ficou bem, depois que encontrou o sábio senhor José. Estou certo? – questionei.

– Errado! Isso era o que talvez tivesse acontecido, se eu não agisse de forma estúpida novamente, nem subestimasse os que habitam a escuridão. Tudo estava encaminhado. Só eu que não enxerguei.

– Tudo estava encaminhado?

– Exatamente! Qual era minha fraqueza?

– Ver os escravos daquele engenho sendo torturados.

– O que aconteceu quando voltei em espírito para o engenho?

– Os escravos não sofriam mais. Eram tratados como seres humanos.

– Percebeu agora?

– Sim. O Senhor só precisava aceitar as palavras de José e ir em busca de paz para seu espírito, pois as torturas com os escravos, que eram o que o deixava em desequilíbrio, não mais existiam naquele engenho.

– Exatamente! E mesmo que eu soubesse que havia outros engenhos onde negros eram maltratados, deveria aceitar a situação do engenho de Lurdes como uma forma de "libertação"; que aquilo também poderia acontecer em outros engenhos ou que, de alguma forma, os negros poderiam ser libertos. Vou prosseguir.

Bem. Depois que consegui entender por que voltara ao engenho, estava certo de que teria de ir em busca de paz para meu espírito, mas quando descobri isso, já era tarde, pois mesmo depois de tudo o que havia acontecido, novamente não segui os conselhos, dessa vez, do velho e sábio José. Eu não trabalhei para superar minha fraqueza e, mais uma vez, subestimei os que habitavam a escuridão.

Vibrações Negativas... Ou Você se Protege Contra Elas ou, Possivelmente, Elas Dominarão Você

Após ouvir os conselhos do sábio senhor José, saí do galpão e fiquei em um canto do antigo engenho pensando em tudo o que havia acontecido. Esse foi outro erro que cometi, pois daquele momento em diante, eu deveria ter começado a ocultar meu passado e ir em busca de paz para meu espírito. Mas não foi isso o que fiz. Meu passado sombrio estava ali. Não conseguia esquecer. Para todo canto que eu olhasse, parecia ver aqueles que um dia sofreram por minhas agressões ou tiveram suas vidas ceifadas pelo ódio que carregava dentro de mim, por não gostar de ver todo aquele sofrimento, e isso fez parte de minha verdade por muito tempo... E assim fiquei durante algum período, até que o ódio voltou a brotar em meu espírito. Não era ódio do que havia acontecido, mas, sim, de mim mesmo.

Comecei a me sentir como se fosse o pior ser do mundo, por ter feito tudo o que fiz. Cobrava-me mais ainda pelo fato de ter recebido conselhos para não trilhar tais caminhos. Mas já era tarde para ficar me lamentando. Assim eu sentia.

Porém, eu precisava me livrar daqueles pensamentos. Precisava dar um jeito de ocupar meu mental com outras coisas para, assim, conseguir alcançar a paz em meu espírito. Ficar próximo do velho e sábio José? Cheguei a pensar nisso, mas não podia arriscar esgotar aquele senhor. Já havia ficado perto de alguns e, mesmo não querendo, de alguma forma sugava suas energias. Por outro lado, José não era obrigado a ficar ouvindo meus erros, afinal, fui eu o culpado de tudo. Tive o direito de escolha, mas elegi os caminhos errados, até porque já havia sido orientado. Então, eu que pagasse pelo que fiz, até ser digno do perdão. "Posso até permanecer aqui, mas não vou ficar perto de nenhum deles. Não quero que sejam irradiados por minha energia negativa" – assim eu pensava.

Mas, ao passo que os pensamentos rondavam minha cabeça, sentia que não poderia ficar ali, mesmo querendo. Então, resolvi sair do engenho, estava decidido a procurar novos caminhos, mas também contava o tempo para voltar ao dia do culto. "Se José trocar algumas palavras comigo, sentirei paz em meu espírito, pois senti da primeira vez em que conversamos", pensei.

Eu estava certo em querer voltar ao antigo engenho, mas a angústia em meu espírito ainda existia, e com ela, o arrependimento também estava em mim. Esse foi outro erro que cometi.

– Errou por estar arrependido? – perguntei ao Guia.

– Exatamente! Angústia, arrependimento, todos nós podemos ter. Porém, dependendo da forma que vibramos esses sentimentos, estaremos propensos a ter problemas. Não apenas com esses sentimentos. Temos de ter equilíbrio em todos os sentimentos para não cairmos em desequilíbrio.

– Concordo com suas palavras. Mas, por que a angústia e o arrependimento foram outros erros que cometeu?

– Você vai entender por quê...

Era noite. Eu caminhava pelas ruas e estradas perto daquele engenho. Ainda vibrava sentimentos de angústia e arrependimento, não conseguia esquecer meus erros, quando vi o espírito de um senhor que trazia marcas da escravidão.

Ele vinha em minha direção. De longe, eu já podia sentir a paz que aquele Ser carregava.

Assim que se aproximou, aquele "bondoso" senhor em espírito se dirigiu a mim:

– O que faz sozinho aqui, filho? Não sabe que corre o risco de ser pego pelos que habitam a escuridão?

– Depois de tudo o que ocorreu, não me importo se isso acontecer, senhor. Sei que de qualquer forma terei de pagar pelo que fiz – afirmei.

– Ficar se lamentando pelos erros que cometeu e pelas vidas que ceifou só vai fazer com que cometa mais erros – afirmou aquele senhor. Ele parecia estar preocupado comigo.

Naquele momento, olhei desconfiado para aquele senhor e perguntei:

– Como sabe que ceifei vidas, senhor? – perguntei com ar de desconfiado, olhando em seus olhos.

– Porque, assim como boa parte dos que foram escravos, também carrego grande sabedoria e sou detentor de muitas magias! Quando estive em vida na carne ensinei muitos! Conseguia até ver e sentir o que vibrava em espíritos alheios, mesmo ainda esses estando na carne. Por isso, posso ver claramente o que você fez. Esse é um dentre tantos dons que carrego em meu espírito e que poucos possuem – sim. Ele era um tanto presunçoso em suas palavras.

Mas nem fiz questão quanto à sua soberba naquele instante.

– Pudera eu ter a sabedoria que vocês, Velhos Sábios, carregam. Assim, tudo o que aconteceu não teria atingido minha essência, pois eu teria equilíbrio. Como muitos de vocês, conseguiria suportar o que via – lamentei.

Aquele senhor pensou por um tempo e, em seguida, se dirigiu a mim:

– Ainda sente ódio em seu espírito por saber que todo aquele sofrimento acontecia contra os escravos?

– Confesso que sim, sábio senhor.

Ele novamente pensou e disse:

– Venha. Deixe eu lhe mostrar algo. Talvez o que você veja mude seus pensamentos – disse ele, e começou a caminhar.

Eu estava tão desorientado que, embora desconfiado, sentia que aquele sábio senhor poderia me ajudar. Então, resolvi segui-lo.

Caminhamos certo tempo até pararmos em um pequeno morro. Embaixo, havia um engenho.

– O que viemos fazer aqui, senhor? – eu ainda estava meio desconfiado.

– Acalme-se, filho. Logo verá.

Passados uns instantes, vi algo que começou a fazer com que o ódio novamente brotasse de forma abrupta em meu espírito. De onde estávamos, avistei um feitor arrastando um senhor negro pelo engenho. Era um escravo.

– O que aquele maldito vai fazer com aquele senhor? – perguntei já em fúria.

– Aquele, a quem chamas de maldito, é um feitor. O velho que está sendo arrastado por ele é um escravo. Bem, ele não é um velho. Deve ter seus 40 anos. Mas, por conta de todo o sofrimento que passou e passa, seu corpo ficou assim... Todo surrado... E olha que ele ainda tem muito o que sofrer, filho! – falava de forma fria aquele senhor.

Ainda era noite. Após arrastar aquele senhor por um tempo, o feitor jogou-o contra o solo e amarrou suas mãos em um pequeno toco. Seu corpo ficou estirado ao chão.

– Observe o que o feitor vai fazer agora, filho – falou o senhor ao meu lado.

Ao lado deles havia um barril com água. O feitor virou aquele barril e começou a jogar água no rosto do escravo estirado ao chão. Parecia querer afogá-lo.

– Maldito! – gritei. – Por que aquele miserável está fazendo isso?

– Ele sempre faz isso. Algumas vezes há motivos, mas em muitas outras não há. Ele parece gostar de torturar os escravos. Sobretudo os mais velhos.

O senhor ao meu lado falava de uma forma como se aquilo não fosse ter fim. Era como se quisesse fazer algo despertar em mim.

– E realmente era isso? – perguntei ao Guia?

– É claro que era. É agora que você vai entender por que errei quando continuei a vibrar angústia e arrependimentos!

O senhor ao meu lado prosseguiu:

– Essa é a verdade dos escravos. Sempre irão sofrer, por mais que façam para que isso não aconteça. Eu não queria estar na pele daquele pobre senhor. É capaz de morrer se continuar ali – ele falava como se estivesse compadecido.

O pouco tempo em que fiquei ali foi o suficiente para que o ódio brotasse de novo em meu espírito, tanto que eu sentia a real necessidade de ajudar aquele senhor torturado, e o que estava ao meu lado sentiu isso em meu espírito.

– Por que não tenta ajudá-lo, já que é o que vibra em seu espírito agora? – perguntou aquele senhor ao meu lado.

– Se eu pudesse, acabava com aquele maldito feitor. Mas não posso – eu achava isso por estar vivendo em espírito.

– Quem disse que não pode? Duvido que nunca tenha sugado energias, inconscientemente, dos que estão na carne.

– Sim! Já fiz isso sem saber, quando ia em busca de ajuda. Quando via que a pessoa tinha luz e carregava paz em sua essência, ficava próximo a ela. Eu me sentia bem ao fazer isso. Porém, como via que esgotava alguns, parei. Mas o que isso tem a ver, senhor?

– Não seja tolo. Se esgotava os encarnados sem saber o que estava fazendo, imagine o que pode fazer ciente do que quer!

Parei um pouco para refletir e, em seguida, perguntei:

– Eu posso ajudar aquele escravo?!

Ele fez uma cara como se soubesse do que eu era capaz.

– Tenho certeza de que pode ajudá-lo, filho – afirmou aquele senhor.

Eu ainda olhava para aquela triste cena, o ódio só aumentava em meu espírito e, sem saber o que aquele senhor ao meu lado quis dizer, continuei com minha vontade de acabar com aquele feitor.

Minha vontade foi tão grande que, quando me dei conta, em uma fração de segundos, eu já estava à frente do feitor. Lancei meu espírito sem saber como.

"Como fiz isso? Como vim parar tão rápido na frente deste maldito feitor?", pensei.

Mas aquele escravo ainda sofria, e isso fez com que não me preocupasse como havia saído de um lugar e ido para outro em tão pouco tempo.

O ódio ainda estava em meu espírito, muito forte por sinal, tanto que, se eu estivesse na carne, com certeza agrediria aquele feitor violentamente. E isso não nego. Por isso, tentei fazer algo.

– Seu maldito! – gritei com o feitor e fui em sua direção. – Por que está fazendo isso? Ele é apenas um velho. Ele vai morrer, maldito sem alma! – eu gritava em fúria.

Mas o feitor não podia me ouvir e continuou a jogar água no rosto daquele senhor, até que o escravo perdeu seus sentidos.

"Ele morreu", pensei.

Ver aquele senhor desacordado fez com que o ódio em meu espírito aumentasse, a ponto de querer "grudar" no pescoço do feitor e estrangulá-lo.

Eu ainda vibrava com a vontade de estrangular aquele feitor, até que, pouco tempo depois, notei que ele começou a se sentir mal.

"O que está acontecendo?", pensei, mas não estava muito preocupado, pois o ódio em meu espírito só aumentava.

Ainda desejava acabar com aquele feitor, quando vi que ele caiu e levou suas mãos ao pescoço. Parecia que iria morrer sem ar.

Naquele mesmo instante, notei que o senhor que havia me direcionado para lá estava ao meu lado. Chegou ali muito rápido também.

– Caso não saiba, é você quem está fazendo isso com este feitor. Está atingindo seu espírito. Se continuar, talvez ele nunca mais torture os escravos. A escolha é sua – disse aquele senhor e deu um leve sorriso. Parecia gostar do que via.

– Eu que estou fazendo isso com este maldito feitor? – perguntei com um certo prazer em meu espírito.

– É claro que é você que está fazendo isso. Está passando seu desejo de querer estrangulá-lo – afirmou aquele senhor.

Sim. Era isso mesmo. Sem saber, concentrei tanto ódio que, em um piscar de olhos, consegui deslocar meu espírito para junto do feitor e, inconscientemente, com todo aquele sentimento negativo, atingi seu espírito.

– Vou continuar. Vou acabar com este maldito! – afirmei com muito ódio em meu espírito.

– A escolha é sua, filho. Se sente que deve fazer isso... – disse aquele senhor.

Eu me ajoelhei ao lado do feitor e direcionei meus pensamentos a ele. Em pouco tempo, notei que ele estava mudando de cor.

– Estou conseguindo! – o desejo de esgotar aquele feitor agradava meu espírito.

— Sim! Você está conseguindo. Vai continuar? — perguntou o senhor que me levou até aquele engenho.

— Sim, vou acabar com este maldito! Vamos, seu maldito! Quero ver seu espírito. Quero acabar com seu maldito espírito! — eu gritava olhando nos olhos do feitor.

Meu ódio era tanto que minhas mãos já estavam no pescoço dele, era como se eu estivesse realmente o estrangulando. Até desejei que ele pudesse ver meu espírito exalando ódio, mas não consegui. Se isso tivesse acontecido, tenho certeza de que eu sentiria mais prazer ainda.

Eu continuava irradiando ódio contra ele, sentia estar dando certo. Quanto mais eu desejava esgotá-lo, mais ele ficava sufocado.

O feitor já estava para apagar, faltava pouco para perder seus sentidos. Se ele morreria ou não, não tinha como saber. Mas aquela situação já era um triunfo para mim.

Mas o feitor não perderia os sentidos, pois naquele momento em que eu ainda buscava forças para esgotá-lo, ouvi alguém se dirigir a mim.

– Filho, não faça isso! Não deixe o ódio tomar conta de seu espírito!

Olhei para o lado. Era o escravo que estava sendo torturado quem falava comigo. Aquele senhor não havia morrido, mas ainda estava amarrado e deitado ao solo.

Se aquele senhor tinha ou não o dom de ver espíritos, eu não sei afirmar. Mas fato é... Naquele momento, ele pôde me ver. E até hoje tenho comigo que aquilo aconteceu para que eu pudesse mudar meus caminhos. Mas, ainda assim, fiz minha escolha.

– Como pode ter compaixão desse miserável sem alma? – eu falava com o escravo que estava amarrado. – Esse maldito estava torturando o senhor! Vou acabar com ele – sentia tanto ódio que meu espírito parecia queimar feito brasas.

– Não vai conseguir mudar a vida dos escravos desta forma, filho. Peço em nome de nosso Criador Maior: pare de irradiar sobre esse feitor.

– Ah! Cale essa boca, seu velho miserável – era o senhor que havia me direcionado até lá quem falava com o escravo que estava sendo torturado.

– Filho – era o escravo que estava sendo torturado quem falava comigo – não sei o que o levou até o mundo em que agora vive, mas preciso dizer algo: está subestimando os que habitam a escuridão... Não escute esse Ser ao seu lado, filho! Peço em nome de Deus e de todas as suas Divindades Sagradas, pare de irradiar sobre ele. Por favor! Não queira fazer justiça. Deixe que esta seja feita pela Força Divina que detém poder sobre ela.

– Não! Vou acabar com esse maldito! – respondi com ódio, olhando nos olhos do feitor.

– Já parou para pensar sobre o que eu possa ter feito para merecer esse castigo?

– O Senhor? Ter feito algo? Duvido! Esses malditos feitores fazem isso por puro prazer. Tenho certeza de que o senhor não fez nada para merecer isso. E afirmo, porque fui escravo quando em vida na carne – eu falava, mas continuava a irradiar negativamente contra o feitor.

– Mesmo assim, filho! Por mais que eu não tenha feito nada, não cabe a você querer fazer justiça! Deixe que cada um pague pelo que faz.

– Já disse para você calar essa boca, seu velho maldito – ordenou o senhor que me direcionou até lá.

– Percebeu agora por que a angústia e o arrependimento foram mais um erro que cometi? – perguntou o Guia.

– Creio que sim... O senhor vibrou de forma negativa esses sentimentos, e isso fez com que aquele senhor sentisse essa vibração e fosse ao seu encontro. E, como ele conhecia sua fraqueza, o direcionou para que visse aquela triste cena, fazendo assim com que o ódio brotasse em seu espírito. Também desconfio de algo... Para ele sentir sua vibração, alguém que conhecia o senhor deve ter dado alguns detalhes a ele. Estou certo?

– Certíssimo!

– E ele apenas mostrava ser um bondoso senhor, mas acredito que era outro Ser que plasmou aquela forma bondosa em seu espírito. Estou certo?

– Meu caro... Creio que você já deve ter conversado com alguns dos que evoluíram até o grau dos Velhos Sábios... Nossos amados Pretos-Velhos. E já conversou até mesmo com os de outras pessoas, desde que você iniciou nesta sagrada crença religiosa, certo?

– Sim.

– Bem, então, você sabe que muitos dos que foram escravos evoluíram para o Grau dos Velhos Sábios, a fim de trabalharem fazendo a caridade, certo?

– Sim.

– E, por acaso, você já ouviu algum desses sábios Pretos-Velhos se vangloriando por seus dons ou induzindo outros a fazerem o mal ou ceifarem vidas alheias?

– Nunca!

– Você acaba de responder à própria pergunta! Os negros que foram escravos e atingiram o grau dos Pretos-Velhos sempre carregaram a humildade em sua essência, por mais que sofressem. Nunca em vida na carne ou em espírito vi um deles se enaltecendo por seus dons. Aquele senhor que me levou até lá se autoenaltecia dizendo ter dons. Ele só podia ser um Trevoso plasmado de alguma vida que teve na carne.

Eu ainda irradiava contra o feitor. Meu desejo era ver seu espírito e esgotá-lo, mesmo sem saber como faria.

– Filho, a escolha é sua – era o escravo que estava sendo torturado quem falava comigo. – Se prosseguir, não tenho dúvidas de que continuará a afundar seu espírito!

– Já mandei você calar a boca, seu maldito – ordenou aquele que eu achava ser um bondoso senhor e, em seguida, começou a irradiar de forma negativa contra o escravo que ainda estava preso ao toco.

Naquele instante, tive a certeza de que ele não era um Ser bondoso e queria apenas ver o ódio em meu espírito.

– E como teve essa certeza? – perguntei ao Guia.

– Simples... Lembrei-me do que Joaquim e outros diziam: "Nunca subestime os que habitam na escuridão! Muitos têm o dom de plasmar formas de Seres bondosos!"

"Só pode ser isso. Esse senhor não é bondoso", pensei.

Ele ainda irradiava de maneira negativa contra aquele escravo indefeso. Parecia querer esgotar seu espírito.

– O que está fazendo, seu maldito? – gritei e fui em sua direção.

Não sei como fiz, nem de onde tirei forças, mas consegui pegar seu espírito e jogar para fora daquele engenho.

Naquele mesmo instante, o feitor se levantou. Se ele viu meu espírito, não sei afirmar. Mas ficou com cara de medo olhando em minha direção.

Ainda apavorado e olhando para onde eu estava, o feitor soltou o escravo amarrado e correu para outro canto do engenho.

Eu olhei para fora do engenho e pude ver jogado ao solo aquele Ser que fingia bondade.

Ainda estava com ódio, e aquele senhor que estava sendo torturado notou meus sentimentos.

— Não faça isso, filho. Não procure vingança. Vai afundar seu espírito se continuar assim!

Mas eu não me preocupava com mais nada. Então, olhei fixamente nos olhos daquele bondoso senhor e afirmei:

– Meu espírito já afundou, senhor! Não há nada mais o que ser feito. Agora, sou apenas mais um dos que habitam a escuridão – e, em fração de segundos, lancei meu espírito para fora do engenho e fui em direção ao falso senhor.

Ele ainda estava jogado ao solo. Pisei em seu peito e gritei:

– Por que fez isso, velho maldito? Por que me trouxe até aqui? Era para ver o ódio em meu espírito? Conseguiu! Agora, vou acabar com você, miserável!

– Calma! – pediu um tanto desesperado aquele Ser.

O medo fez com que ele não conseguisse manter a forma de um bondoso senhor. E foi aí que eu vi sua verdadeira face.

Ele era um Trevoso, mas meu ódio era tanto que nem medo senti ao ver a face dele e suas vestes rasgadas.

— Só podia ser isso mesmo! Como pude ser tão idiota de acreditar em você? – eu ainda pisava em seu peito, desejava descarregar todo meu ódio contra ele, mesmo sem saber ao certo como faria.

Palavras do Preto-Velho Barnabé: "Às vezes, não é preciso que saibamos como demandar negativamente contra alguns... O desejo negativo e o ódio são suficientes para que, inconscientemente, o façamos".

Eu ainda pisava contra o peito dele.

— Calma! Por favor! Não fiz por querer. Pediram que eu fizesse isso – ele falou de forma desesperada.

— Quem pediu para você fazer isso, seu miserável? – gritei. – Vamos, fale, antes que eu acabe com seu maldito espírito!

Não sei se o ódio fez com que eu plasmasse alguma forma, ou se ele via qualquer outra coisa em meu espírito. Mas, de fato, ele estava com medo...

— Calma! Você não sabe o que está fazendo. Vai acabar exterminando meu espírito – ele implorava.

— Então, diga, maldito! Quem foi que ordenou que fizesse isso?

— Olhe para cima – ele apontou para o morro onde ficamos observando a triste cena. – Foi ele quem mandou.

Olhei para o morro. Lá estava aquele que fingiu ser um escravo em vida no canavial e usou minha fraqueza para que eu fizesse tudo o que fiz.

— Seu maldito! – gritei, olhando para aquele que estava no topo do morro.

Ele rapidamente se lançou para próximo de nós...

— Calma! Solte-o. Você não sabe o que está fazendo. Vai esgotá-lo! – pediu apavorado o que fingiu ser um escravo ainda em vida.

— Por que fez isso? Por que mandou esse miserável fazer com que eu visse aquilo? – eu ainda era puro ódio.

— Solte-o, e eu falo. Vai acabar com ele – disse o que fingia ser um escravo em vida.

Tirei minha força negativa de cima do que estava jogado ao solo. Ele se levantou e se dirigiu ao outro:

— Você ficou louco? Da próxima vez, arrume outro idiota para fazer isso. Você disse que ele não tinha força em seu espírito.

— Você é que foi o culpado, seu imbecil — afirmou o escravo desconhecido. — Eu vi tudo. Disse apenas para mostrar que ainda existiam engenhos e escravos. Não era para ficar alimentando seu ódio.

— Você que faça isso da próxima vez. Não conte comigo!

— Eu não! Estou morto, mas não sou idiota como você — disse o que fingia ser um escravo em vida. Gargalhou e, em seguida, se dirigiu a mim: — Fique calmo! Não era para esse imbecil fazer isso. Era só para mostrar que ainda existiam engenhos e escravos.

— Qual era a intenção disso? Não estava satisfeito por me levar à morte, seu maldito? — meu espírito ainda exalava ódio.

— Não vou falar nada aqui. Você está louco! Não sei mais o que é capaz de fazer. Se quiser saber o porquê de tudo isso, espere o próximo anoitecer da Terra e nos encontre perto daquele barranco onde jogaram seu corpo. Tenho uma proposta a fazer. Tenho certeza de que vai lhe agradar. É algo que envolve feitores e senhores de engenho. Se quiser ouvir, apareça por lá — e sumiram instantaneamente.

Eu ainda estava com ódio exalando em meu espírito, mas confesso que fiquei curioso quanto à proposta. Pensei: "O que um espírito como ele poderia querer com feitores e senhores de engenho?... Só pode ser vingança".

Realmente era isso. E como eu sentia que minha estrada já estava trilhada e não havia mais saída, decidi que iria ao encontro dele para ouvir a proposta que tinha.

Convite das Trevas

Esperei o anoitecer do dia seguinte e fui até o local onde o corpo que mantinha meu espírito foi jogado. Ao chegar, vi os dois já à minha espera.

– Está mais calmo, companheiro? – perguntou o que fingiu ser um escravo em vida, o que ficava no canavial.

– Não sou seu companheiro. Diga logo o que quer. E mande esse miserável parar de olhar assim para mim!

– Fique tranquilo. Esse imbecil está com medo.

– Está vendo? – era o que fingiu ser um bondoso senhor quem falava. – Eu avisei que ele é louco!... Vamos embora. Vamos deixar esse idiota aí.

Fui em direção a ele e o afrontei...

– Diga isso novamente, seu maldito. Vamos! Diga que sou idiota. Quero sentir o gosto de acabar com o que restou de seu espírito imundo.

– Fique calado, seu imbecil! – era o que fingiu ser um escravo em vida quem falava com o que fingiu ser um bondoso senhor. – Já fez tudo errado. Agora deixe que eu falo com ele – e se dirigiu a mim. – Fique calmo. Vou contar o motivo de tudo isso.

Ele me contou que, como sabia que eu não suportava ver os suplícios dos escravos, bolou aquele plano para que eu visse escravos em sofrimentos. Sua intenção era me mostrar que aquele sofrimento não iria acabar e, como também pegou ódio dos feitores pelo fato de sua família ter sido vítima de alguns, decidiu que iria contra todos os que conseguisse encontrar.

— Foi por isso que bolei este plano. Estamos reunindo alguns dos que foram vítimas desses malditos feitores para nos vingarmos – afirmou ele.

Estava pensativo, e ele continuou a falar, a fim de não deixar eu pensar muito:

— Isso sempre vai existir. Os que hoje são escravos sofrerão até o último dia de suas vidas na carne. Depois, serão jogados como jogaram o corpo que mantinha seu espírito... Temos que fazer algo contra esses malditos. Não podemos deixar isso continuar.

Ele parecia estar preocupado com os escravos, mas não estava. Aquelas palavras foram apenas para alimentar ainda mais meu ódio. E eu sabia, mas não estava preocupado se ele fingia estar compadecido, pois a proposta realmente me interessou.

— E como pensa em fazer isso? – perguntei.

— Bem. Se estiver disposto a saber mais, posso levá-lo até onde os outros estão reunidos. Lá, ficará sabendo como faremos.

Fiquei pensativo por um tempo. Eu estava desconfiado. Em seguida, perguntei:

— E como posso acreditar em um maldito que levou minha carne à morte? – olhei com ar sério para ele.

— Por acaso, acha que sou idiota? Você adquiriu tanto ódio que não sabe do que é capaz. Quase esgotou esse imbecil ao meu lado. E olha que você nem sabia o que estava fazendo... Por que acha que eu mandei esse idiota fazer o serviço? Eu é que não me arriscaria a ser esgotado por um Ser que nem sabe do que é capaz.

Naquele momento fiquei a pensar: *"Fui um assassino, minha vida foi em torno da negatividade desde que me deixei guiar por forças inimigas. Após deixar a carne, tive a chance de buscar a paz, e o velho e sábio senhor José parecia estar disposto a me ajudar. E eu? Aceitei? Não! Usei o meu direito de escolha e, mais uma vez, errei. Decidi seguir meus caminhos junto aos que habitavam a escuridão!"*

Depois daqueles pensamentos, eu já sentia que era tarde para arrependimentos e, em consequência disso, joguei tudo pelos ares sem me preocupar se iria ou não ser cobrado.

— E onde é este lugar? – perguntei.

— Venha comigo. Vou mostrar onde nos reunimos!

Seguimos para o local. Era um cemitério a céu aberto. Estava abandonado. Muitos dos que foram enterrados ali foram escravos. Na frente existia uma igreja em ruínas. Eu só sabia que ali fora um cemitério porque pude ver covas abertas, ossos e cruzes jogados ao solo. Além disso, o número de oferendas negativas naquele local era quase impossível mensurar.

Em uma das covas, havia uma passagem visível somente aos olhos dos que viviam em espírito. Ela levava a um "mundo inferior".

— Vamos! É por aqui! — disse ele, já adentrando a cova.

Descemos por uma passagem pouco iluminada. Conforme baixávamos, eu podia sentir o aumento da energia negativa que tomava aquele lugar.

No final daquela passagem me deparei com alguns Trevosos, mas não me preocupei com nenhum deles. Eles, por sua vez, também não chegaram perto de mim.

Ao caminharmos, eu ouvia pedidos de socorro, eram espíritos presos. A maioria havia sido feitores e senhores de engenho quando estiveram em vida na carne e que, depois do desencarne, ainda carregavam em seus espíritos o prazer de torturar outros. Eles foram pegos para se tornar escravos dos que foram seus escravos.

Chegamos ao local onde estavam reunidos outros Trevosos. Alguns estavam plasmados de formas horríveis, outros estavam com a última forma que tiveram na carne, mas todos carregavam o ódio e o prazer em fazer o mal. Entre eles estava um que portava uma lança e um chicote. Suas vestes estavam rasgadas, seu olhar dava medo em muitos ali. Ele era o chefe dos que ali viviam.

O chefe se levantou e ficou me observando por um tempo. Em seguida, dirigiu-se ao que havia me convidado a ir até aquela parte das trevas:

– Ótimo trabalho!

– Eu disse que iria trazê-lo, não disse?! Confesso que deu um pouco de trabalho, mas conseguimos!

O chefe se aproximou de mim:

– Seja bem-vindo... Como está?

Confesso que a aparência dele dava medo. Mas meu ódio ainda era tanto que não deixei o medo dominar meu espírito.

– O que vocês querem? Por que ordenou a ele que me trouxesse aqui? – perguntei de forma séria ao chefe.

– Ei, acalme-se! – pediu o chefe.

– Isso é uma cilada, seu maldito? – perguntei em alto tom ao que fingia ser um escravo em vida no canavial.

– Claro que não! Eu não menti a você... O chefe vai confirmar.

– Ele já disse sobre o que estamos pensando em fazer? – o chefe me perguntou.

– Falou sobre os feitores e os senhores dos engenhos... Por quê? – eu ainda passava um olhar desconfiado.

– É isso mesmo! – afirmou o chefe. E contou da mesma forma que o outro havia dito...

O chefe também foi um dos que viveram como escravos em sua última vida na carne. E, assim como muitos, também carregou o ódio em seu espírito.

– ... E foi por isso que pedi para trazerem você aqui – era o chefe quem falava comigo. – Alguns destes que estão à sua volta um dia foram escravos, outros foram matadores, saqueadores, e por aí vai. Mas todos estão aqui pelo mesmo objetivo: fazer com que aqueles malditos feitores e senhores de engenho paguem pelo que fizeram! Mesmo sem terem feito a nós. Mas, se for um feitor ou senhor de engenho, vamos levar a eles todas as energias negativas que pudermos.

O chefe contou sua vida como escravo e, mesmo tendo meu espírito tomado por ódio, pude entender o porquê de aquele Ser ter o desejo de se vingar daquela forma.

– E poderia contar o motivo? – perguntei ao Guia.

– Claro que sim. Bem, assim como muitos, ele também viu sua companheira ser agredida e abusada por outros. Além disso, viu um de seus filhos sendo torturado quase até a morte e outro sendo morto ao tentar reagir. Está certo que cada um escolhe os caminhos a seguir, mas aqueles fatos só contribuíram para que houvesse a ausência de amor em seu espírito, assim como aconteceu com muitos. E, na ausência de amor e fé, o que mais poderia tomar conta de pessoas que viviam naquele sofrimento? Vou prosseguir.

Após contar tudo e falar sobre sua vida, o chefe disse algo que me agradou ainda mais. Se bem que eu já tinha aceitado, mas ainda não havia dito.

– E então? – era o chefe quem perguntava a mim. – Se aceitar, terá esses como seus subordinados! – apontou para cerca de uns dez que ali estavam. – Você manda e eles obedecem... O que me diz?

"Vingar-me dos malditos feitores e senhores de engenho e ainda ter a quem dar ordens? Nada pode ser melhor do que isso", pensei.

– Quando começamos? – perguntei ao chefe.

– Podemos iniciar na próxima noite da Terra. Só estávamos esperando para ver se você faria parte do grupo.

– Não precisa pedir novamente. Não vejo a hora de esgotar aqueles malditos sem alma! – minhas palavras soavam com ódio.

Todos que ali estavam bradaram em tom de vitória. Foi uma energia negativa imensa, mas agradável naquele momento.

Trabalhos Fora da Lei

Na noite combinada, saímos daquela parte das trevas. Estávamos em três grupos. Cada grupo seguiu para um canto. A ordem era atormentar os feitores e os senhores de engenho, e, caso encontrássemos alguns deles perdidos em espírito, capturá-los e levá-los para serem nossos escravos.

O primeiro lugar para onde fui com meus seguidores era próximo ao engenho no qual fui mantido como escravo, mas ordenei a todos que não entrassem. Minha intenção era ver se encontrava pelas redondezas os dois feitores que açoitaram minha carne até a morte. Mas não os encontrei. Caminhamos por lá durante um bom tempo, mas nada de achá-los. "Sorte a deles", pensei.

Mas não desisti. Como sabia mais ou menos o tempo que havia passado no plano terrestre, talvez pudesse encontrá-los em vida. Mas, se estivessem em espírito, seria ainda mais fácil para me vingar. Então, resolvi deixar para outra hora.

Um dos meus seguidores conhecia outro engenho e alguns feitores que ali trabalhavam. Partimos para aquele engenho. Na porteira, dois homens conversavam e, para alimentar ainda mais meu ódio, eles falavam de torturas contra os escravos.

– Parece que alguns desses negros miseráveis não se cansam de sofrer. Por mais que sofram, ainda assim não fazem aquilo que mandamos quando são ordenados! – era um dos feitores que falava. Ele parecia estar sob o efeito de álcool.

– Faça como eu. Deixe-os presos. Isso já basta! – disse o outro.

Que ódio senti daqueles dois!

— Seus malditos! – gritei. – Sentem prazer em ver o sofrimento alheio, não é mesmo, seus miseráveis sem alma? – eu continuei gritando. Queria fazer com que eles sentissem minha fúria ou vissem meu espírito, mas não consegui, eu ainda não sabia ao certo como fazer isso. Contudo, dois dos meus seguidores sabiam como atormentá-los.

— Chefe! – era um dos meus seguidores que se dirigia a mim. – Podemos tentar? Conhecemos esses dois. Esse que está sob o efeito do álcool fica agressivo e gosta de desafiar outros quando ingere muita bebida. O outro é estúpido por natureza. Além disso, adora se vangloriar por sua forma de alvejar com sua arma. Os dois estão sempre vibrando de forma negativa.

— Mas o que isso tem a ver? – perguntei a ele.

— Quando estive na carne, eu era dependente do álcool. Ainda sinto esse desejo em meu espírito. Não será difícil fazer com que esse idiota continue a se embriagar. Basta que eu passe minha vontade a ele. Esse ao meu lado sabe como vibrar naqueles que são violentos – falava do outro Trevoso. – Não será difícil para estimularmos esses dois.

Não pensei duas vezes.

— Então, façam logo isso – ordenei.

Meu seguidor que gostava da essência do álcool ficou ao lado do feitor que ficava agressivo quando bebia muito.

— Por que não continua bebendo? É disso que gosta, não? Seu imbecil desequilibrado! – falou próximo ao feitor. Ele parecia querer entrar na mente daquele homem.

Ele falava, mas o feitor não ouvia.

Eu ainda não conseguia entender o que meu seguidor fazia, mas pouco depois entendi. Mesmo sem o feitor ouvir, meu seguidor estimulava sua vontade de beber o álcool que estava na garrafa em seu bolso. Não foi difícil ter sucesso, e o feitor pegou sua garrafa que continha álcool.

Em poucos segundos, o feitor já estava sob o domínio de um dos meus seguidores. O feitor voltou a beber e, algum tempo depois, vi coisas estranhas saindo de seu corpo. Elas iam na direção do meu seguidor.

Era a essência do álcool... Meu seguidor se alimentava sentindo o prazer do álcool em seu espírito.

Os dois feitores continuaram conversando, enquanto o viciado em álcool ainda bebia até que meu seguidor percebeu que ele já estava embriagado o suficiente para o que queríamos. De tão alcoolizado, aquele feitor falava de uma forma que irritava até a mim.

– Vamos! Agora faça sua parte – disse meu seguidor ao outro.

Meu outro seguidor ficou ao lado do outro feitor e começou a estimular a impaciência que existia em sua essência. Também não foi difícil ter sucesso.

Estava feito. Juntou a impaciência de um com a agressividade do outro embriagado, não poderia dar outra coisa. Tudo isso com uma forcinha dos meus seguidores:

– Sabe por que você deixa os escravos presos e não os agride? – era o feitor embriagado quem perguntava ao outro. – Porque tem medo de ser cobrado pelo dono deste engenho. Você é fraco! Tem medo de torturar essa raça miserável.

O outro olhou de forma séria para o que estava embriagado, pensou e, em seguida, disse:

– Vou sair daqui antes que acabe por agredi-lo.

– Está vendo? Você é um fraco! – ele aumentou um pouco seu tom de voz. – Por isso sou mais requisitado pelo dono deste engenho. Não tenho medo de castigar essa raça e não fujo de duelos. Seu incompetente!

O outro feitor, ofendido, sacou sua arma e, furioso, se aproximou do que estava alcoolizado:

– Repita o que disse, seu miserável! – falou em alto tom. – Verá o quão incompetente sou para puxar o gatilho.

– Repetir o quê? – perguntou ele de maneira irônica. – Que você é um incompetente? Preciso dizer novamente? Seu incompetente! – e, rindo, começou a zombar.

O outro deu um tiro para o alto.

– Seu maldito! Está me desafiando? – ele estava furioso.

Eu e meus seguidores começamos a vibrar vendo aquela cena.

– Briguem logo, seus miseráveis. Quero ver seus espíritos – eu me dirigi a eles.

– Vamos! – era o que estava em posse da arma quem falava. – Responda, seu maldito. Está me desafiando? Não está acreditando que consigo puxar o gatilho contra você? – falava de forma furiosa.

Para sorte dos dois, o dono do engenho apareceu:

– O que está acontecendo? Que disparo foi esse? – perguntou o dono do engenho, vendo a arma na mão de um dos feitores. – Vocês estão loucos? – gritou. – Se querem tirar a vida um do outro, façam isso longe daqui. Não venham trazer problemas para mim.

O que estava em posse da arma parecia estar em fúria. Ele olhou nos olhos do que estava alcoolizado, engatilhou sua arma, a direcionou e atirou. O outro caiu ao solo com o disparo.

– Você ficou louco?! – gritou o dono do engenho levando as mãos à cabeça.

O que atirou se aproximou do outro feitor caído e afirmou:

– Só não acabo com sua vida porque tem filhos, seu maldito! Nunca mais me desafie – e saiu.

O que foi atingido pelo disparo não morreu. O outro atirava muito bem. Ele fez com que a bala passasse de raspão perto da cabeça do feitor que o desafiou.

Como vimos que não conseguiríamos mais nada ali, partimos para outros engenhos. Agíamos da mesma forma e, quando não conseguíamos causar discórdias e desavenças, atormentávamos os mais suscetíveis a receber demanda negativa, sobretudo aqueles que sempre agiam de maneira negativa e carregavam negatividades.

Ao longo dos anos, minha falange foi aumentando. Éramos muitos e temidos por outros Trevosos também, pois, por causa dos conhecimentos negativos que absorvemos e com a influência de outros mais experientes, aprendemos a plasmar formas. Algumas eu mesmo subestimava, inclusive. Aprendemos a criar armas para nossa proteção, ganhamos algumas também. Conseguíamos influenciar facilmente pessoas propensas a vícios, entre outras coisas. Era muito fácil agir contra elas. Bastava que trabalhássemos em suas negatividades que estava feito. Tudo isso gerava forças e prazeres em nossos espíritos. É desse modo que um espírito negativo se alimenta. Ele se aproveita dos que vivem de forma negativa. É por isso que, sempre que posso, digo aos que estão na carne: *"Cuide de sua mente! Não deixe que o desequilíbrio seja um portal para forças negativas! Problemas todos temos. Mas não será o desequilíbrio que irá ajudar na resolução! Quanto mais desequilibrado ficar, mais facilmente será influenciado".*

Após atormentarmos muitos feitores, senhores de engenho e fazermos escravos os espíritos de alguns de cativos durante anos, decidi que iria em busca dos feitores que açoitaram minha carne. Estava decidido a passar anos à procura deles. Enquanto não os encontrasse, eu não desistiria.

No início de minha busca, ficamos alguns dias perto do antigo engenho onde fui mantido como escravo para ver se encontrávamos os feitores em espírito.

— E ficou dentro do antigo engenho? — perguntei ao Guia.

— Não! Eu podia ser um estúpido para aceitar a vida em que estava, mas não a ponto de entrar novamente naquele antigo engenho. Não podia correr esse risco.

— Por quê? Lembro-me de que disse ter ficado por lá acompanhando o Culto aos Orixás. Até foi orientado por um senhor chamado José. Ele havia dito que, se os Orixás não o impediram de ficar ali, ele também não o impediria.

— Sim. Você está certo, meu caro! Mas, quando conheci José, eu ainda estava vivendo praticamente como um espírito perdido. Estava em busca da luz. Por isso não fui impedido de entrar. E o motivo para eu não querer entrar novamente no engenho é muito simples: depois que decidi viver na escuridão das trevas, eu me tornei um Trevoso, certo?

— Sim.

— Muito bem. Depois que Otávio, o herdeiro do dono do engenho, cresceu, o que ele fez junto a Lurdes, sua mãe?

— Mudaram praticamente tudo no engenho. Os escravos eram tratados com respeito, não eram agredidos e podiam realizar normalmente o Culto aos Orixás.

— Entendeu agora por que eu não podia me arriscar entrando no engenho? Ali virou um local onde os negros cultuavam os Orixás com afinco. Que forças você acha que vibravam ali? Eu não podia ser tão tolo de entrar em um lugar onde as forças dos Orixás estavam presentes. Por outro lado, como tive a ajuda de muitos negros naquele engenho, mesmo não aceitando os conselhos recebidos, eu não poderia ser tão ingrato de entrar lá e deixar minha negatividade ali. Eu não permitia que nenhum dos meus entrassem naquele engenho.

Fiquei alguns dias próximo ao antigo engenho, mas não encontrei nenhum dos feitores. Pela época, tive quase certeza de que estavam mortos, então, ordenei a alguns dos meus seguidores, os mais espertos inclusive:

– Vão à procura dos que estão perdidos. Outros dos que foram escravos devem estar na mesma vida em que estamos. Com certeza aqueles miseráveis feitores não foram ao encontro da luz. Devem estar vagando por aí. Se é que já não se tornaram mais um dos que habitam a escuridão. Se os acharem, já sabem o que fazer.

O plano era simples. Como todos meus seguidores sabiam plasmar suas formas que tiveram em vidas passadas, seria fácil enganar os que estavam perdidos até descobrir quem era um feitor. Eles só precisariam se mostrar indefesos e ludibriar os outros com sábias palavras.

Mas não foi uma tarefa fácil encontrá-los. Levamos muito tempo em busca deles. Enquanto alguns dos meus seguidores enganavam com sábias palavras espíritos que estavam perdidos para ver se conseguiam alguma informação, eu e outros vasculhávamos cemitérios a céu aberto, próximos ao antigo engenho, entrávamos em covas, nos aproveitávamos dos que iam fazer trabalhos para levantar a força de quem estava morto, enfim... Fizemos tudo para encontrar ao menos um deles. Para você ter uma ideia, até plasmar forma de vigário alguns dos meus sabiam.

Eu estava decidido. Só iria desistir quando tivesse a certeza de que eles não estavam no mesmo plano espiritual no qual eu vivia.

Sim. Difícil eu sabia que seria, mas não desisti. Foi uma longa busca... Mas recompensadora para alimentar ainda mais minha negatividade. Afinal, infelizmente, era isso o que eu vibrava antes de seguir pelos caminhos de luz: negatividade!

A Vingança

Muito tempo depois, eu estava na parte das trevas onde minha força reinava. Já era chefe de muitos e temido, também.

Naquele dia, um dos meus seguidores veio ao meu encontro.

– Acho que o encontrei, chefe.

– Ele quem, imbecil? – perguntei de forma grosseira. Já havia passado anos no plano terrestre. Às vezes, eu nem me lembrava mais de querer me vingar dos feitores.

– Um dos feitores que o açoitou quando esteve na carne – disse meu seguidor. – Parece que ele é chefe de uma falange de iniciantes.

Fiquei espantado. Desejava aquilo há anos.

– Onde o encontrou? – perguntei cheio de prazer, pelo gosto da vingança.

– Em um cemitério abandonado, chefe. Havia outros em sua volta, mas não desconfiaram. Plasmei minha pior forma e fiquei entre eles ouvindo suas histórias. Voltei lá quase todas as noites da Terra para ter certeza. O que ouvi do feitor bateu com o que o senhor disse quando iniciamos as buscas.

– Leve-me até lá. Rápido! – ordenei.

Lançamos nossos espíritos rapidamente. Em fração de segundos, já estávamos perto do cemitério abandonado.

Ficamos de longe observando. Realmente havia muitos, mas pouco tempo depois reconheci um dos que me levaram à morte.

– Sim! É ele mesmo! – afirmei ao meu seguidor. – Vamos reunir os outros.

No dia seguinte, reuni todos os meus seguidores. Já havia perdido as contas de quantos eram.

– E não se esqueçam!... Se tiverem de atacar para pegar aquele maldito, não hesitem em fazer – disse a todos eles.

Era noite quando eu e todos os meus seguidores lançamos nossos espíritos perto do cemitério abandonado onde ficava um dos feitores.

– Fiquem escondidos. Quando eu der a ordem, plasmem suas piores formas e invadam – ordenei aos meus seguidores.

Eu estava plasmado na minha pior forma. Até asas eu tinha.

Entrei sozinho no cemitério abandonado. Em uma das minhas mãos carregava uma lança, na outra, uma corrente.

Eu me aproximei do bando. Eram muitos também. Porém, percebi que não teríamos dificuldades para render alguns deles. Mostravam não terem tanta força em seus espíritos.

Decidido e com ódio vibrando em meu espírito, fui direto ao encontro do espírito do feitor. Ele estava todo maltrapilho, mas eu podia sentir a força que ele emanava.

– Eu sabia que um dia iria encontrá-lo, seu maldito – me dirigi a ele.

Ele olhou para mim com cara de não estar entendendo nada.

– Quem é você, miserável? Como ousa me chamar de maldito? – perguntou o feitor já com ódio em suas palavras.

– Porque você é um maldito, e sempre será. Miserável torturador de escravos – afirmei direcionando minha lança para ele.

Ele ficou em silêncio. Parecia querer se lembrar de onde conhecia aquele Ser horrível à sua frente. Mas não conseguiu, pois minha forma de Trevoso não permitia.

– Não sei do que está falando, imbecil! Quem é você? Mais um dos que sofreram em minhas mãos quando estive na carne? – perguntou, dando uma leve gargalhada.

– Exatamente, miserável! – afirmei a ele. – Mas, já que não sabe quem sou, vou fazer com que saiba – e plasmei em meu espírito a forma que tinha quando fui um escravo. – E agora, maldito? Lembra-se deste à sua frente?! Consegue ver em meu espírito as marcas do sofrimento pelo qual passei quando estive na carne? – perguntei olhando diretamente nos olhos dele. Meu espírito exalava ódio.

Ele se lembrou de mim, mas não estava preocupado, e os outros já pareciam querer me atacar. Então, plasmei novamente minha forma de Trevoso e me dirigi ao feitor.

– Pelo que posso ver, continua carregando a mesma frieza de quando torturava os escravos, não é mesmo? – eu ainda olhava diretamente em seus olhos.

– Fazia porque era muito bem pago, seu idiota! E, mesmo que não me pagassem, ainda assim faria. Ainda mais se tratando de você! – ele também tinha ódio em seu espírito.

Apontei minha lança em sua direção. Meu ódio só aumentava.

– Vou acabar com o que resta de seu espírito, maldito torturador! – eu me dirigi a ele em alto tom.

Ele gargalhou desdenhando e disse:

– É melhor ir embora, seu imbecil! Ou darei ordens para que meus escravos acabem com seu maldito espírito. Estamos em maior número. Você está sozinho. Não percebeu isso?

Eu gargalhei.

– Acha mesmo que tem tantos escravos seguidores? – e mais uma vez gargalhei olhando para ele. – Posso facilmente contar quantos seguidores você tem! Quero ver você conseguir contar os meus. Vou lhe mostrar o que são seguidores! – girei minha corrente e a lancei contra o solo, fazendo com que houvesse uma vibração muito forte. Era o sinal para que os meus invadissem.

Meus seguidores invadiram. Pude ver a cara de medo de todos os seguidores do feitor, pois os meus estavam plasmados. Além disso, tinham armas em suas mãos.

Certo de que a situação estava sob nosso domínio, eu me dirigi ao feitor:

– Está vendo, seu idiota? Isso, sim, eu chamo de grande número de seguidores! Não aqueles imprestáveis que acabaram de fugir.

Ele olhou para trás. Não havia mais ninguém para ajudá-lo.

Vendo que estava sozinho, o feitor tentou fugir, mas eu estava atento e, de forma rápida, joguei minha corrente, lacei seu pescoço e puxei, levando-o ao solo. Meus seguidores vibraram. Desejávamos aquilo há anos.

Comecei a puxá-lo. Ele parecia sentir o que iria acontecer.

– Pare, por favor! Peço perdão pelo que fiz.

Eu gargalhei.

– Agora pede perdão e por favor, miserável? Por que não escutava os pedidos quando torturava os escravos presos ao tronco? – eu ainda o puxava.

– Eu era pago e obrigado a fazer aquilo. Por favor! Solte-me! – ele estava desesperado. Sabia o que iria lhe acontecer.

Mas eu não estava preocupado.

– Então... Você era pago para fazer aquilo, e agora vai pagar por ter feito aquilo – e gargalhei.

Nós o levamos para a parte das trevas onde ficávamos.

– Prendam esse miserável! – ordenei.

Deixamos o espírito do feitor preso por muitos anos e, durante esse tempo, eu ordenava que meus seguidores o esgotassem. Eu também participava. O desejo de vingança parecia não sair de mim. Quando víamos que seu espírito queria se regenerar, nós o esgotávamos novamente.

Em um dos dias em que o torturamos, eu queria saber o paradeiro do outro feitor que também o ajudou a me jogar do barranco e deixar em meio a restos mortais o corpo que mantinha meu espírito.

– Vamos! Diga: onde eu encontro aquele maldito? – eu gritava, enquanto pressionava seu espírito contra a parede.

– Você vai esgotar meu espírito e não terá essa resposta – ele já falava de forma fraca. Sua voz quase não saía. – Já disse que não sei para onde ele foi direcionado! Depois que morri, nunca mais o encontrei.

Sim, realmente, ele não sabia. Ninguém suportaria ficar preso por anos passando pelo que ele passou.

Foram anos de torturas e esgotamento pelos quais ele passou, até que um dia fomos obrigados a libertá-lo.

– Por quê? – perguntei ao Guia.

– Um Exu de Lei veio ao nosso encontro. Ele resgatou o feitor. Esgotamos seu espírito a tal ponto que acredito que tenha pagado por todos seus erros. Aliás, não acredito... Tenho certeza! Para você ter uma ideia do tempo em que o deixamos preso, quando o encontramos, estávamos no início do século XIX. Quando ele foi resgatado, já estávamos quase no final desse mesmo século. Se formos levar em consideração o tempo da Terra, foram vários anos. Porém, naquele mundo, como eu já disse, um dia parece ser uma eternidade para muitos. Imagine para quem ficou preso por quase cem anos? Se no tempo da Terra já é bastante, lá é bem pior!

– E como teve a certeza de que ele havia pagado por seus erros?

– Porque o reencontrei. Hoje, somos aliados. Ele evoluiu e se tornou um grande Exu de Lei! Mas isso foi depois da minha evolução. E também não vem muito ao caso. Mas quando o reencontrei, fiz questão de me redimir. Pedi desculpas pelo que havia feito com ele. Já, ele, por sua vez, deu um leve sorriso para mim e me agradeceu. Disse que, se eu não tivesse feito o que fiz, talvez, ele não se tornasse um Guardião; que poderia estar na mesma vida em que estava, quando o encontrei naquele cemitério abandonado.

O tempo passava. Continuávamos a tornar escravos espíritos que foram feitores ou senhores de engenho, sobretudo aqueles que ainda carregavam negatividades.

Mas, tempos depois, tivemos de mudar nossa estratégia. Já estávamos no final do século XIX, não havia mais tantos engenhos. Então, decidimos tornar escravos os que estavam perdidos ou, até mesmo, os que já sabiam de suas mortes e queriam fazer maldades. Mas pegávamos justamente aqueles que eram fracos e propensos a se aliarem a nós; os que carregavam negatividades em seus espíritos. E não era difícil. Bastava que alimentássemos os vícios que tiveram na carne, com isso, muitos se aliavam a nós ou viravam nossos escravos. E esses eram obrigados a aceitar os trabalhos ofertados pelos que gostavam de demandar negativamente. E posso afirmar: cheguei a ver alguns, que quando em vida gostavam de demandar de forma negativa, pagarem por seus erros após seu desencarne.

– E onde pegavam esses espíritos?

– A grande maioria foi pega em cemitérios clandestinos. Naqueles locais, muitos deles ficavam à espera de oferendas negativas para tomar para si as essências, a fim de alimentar seus espíritos. Eu ordenava que meus seguidores ficassem atentos a esses lugares.

– No que diz respeito aos cemitérios... Iam mais aos clandestinos em busca de espíritos?

– Sim. Evitávamos cemitérios grandes e com muito movimento. Por quê? A resposta é simples. Na grande maioria desses já existiam Exus Guardiões de Lei! Mas um dia tive de ir a um. E confesso: não foi uma experiência agradável. Mais à frente, você vai entender do que estou falando.

Chegou um tempo em que eu nem ia mais em busca de escravos. Só ordenava. Mas um dia tive de ir a um cemitério, não em busca de escravos, mas, sim, para afrontar "alguém". E o motivo de eu ter ido até lá foi porque dois dos meus seguidores foram impedidos por esse "alguém" de entrar naquele ponto de força.

Eu não sabia quem os havia impedido de entrar... Mas, se fosse preciso afrontá-lo, não pensaria duas vezes.

Afrontando um Desconhecido

Eu estava na parte das trevas onde minha força reinava, quando dois dos meus seguidores vieram ao meu encontro.
— Chefe! Não conseguimos entrar em um dos cemitérios. Não era um cemitério abandonado. Mas como não encontramos um, tentamos esse mesmo. Mas fomos impedidos – disse um deles. Ele parecia estar um tanto temeroso.
– Como não conseguiram, imbecis? – perguntei com estupidez.
– Tinha alguém no portão! Ele não deixou que entrássemos!
Como dificilmente eu era afrontado, não gostei do que escutei do meu seguidor. Saber que alguém os impediu de seguir minhas ordens fez com que eu não pensasse duas vezes. E, em consequência disso, acabei por não levar em consideração algo que um dos meus seguidores disse: *"Não era um cemitério abandonado. Mas como não encontramos um, tentamos esse mesmo"*.
Se eu tivesse refletido ao ouvir isso do meu seguidor, talvez tivesse agido de outra forma ou nem teria ido. Mas, hoje, sei que fiz a escolha certa ao ter ido até lá.
Eu não estava preocupado com quem iria encontrar.
– Mas são uns inúteis mesmo, não? Vamos! Me levem até lá. Quero ver se não vamos entrar.
Eu já estava para lançar meu espírito, quando um deles me alertou:

– Melhor reunirmos mais alguns, chefe. Ele tem duas espadas! Parece ter forças ocultas nelas.

– Ahhh! Cale essa boca, seu inútil. Se quiserem, levem mais alguém. Mas posso dar conta daquele miserável sozinho – eu não sabia de quem falava. Mas estava certo de que iria derrotá-lo. – Seja ele quem for, posso fazer isso sem a ajuda de vocês. Imprestáveis!

– Tudo bem, chefe. Depois não diga que não avisei.

Fui em direção àquele meu seguidor e perguntei:

– Quem você pensa que é para se dirigir desta forma a mim, idiota?

– Peço desculpas, chefe. Eu só quis alertá-lo.

– Melhor que peça desculpas mesmo, imbecil. Agora, reúnam quem vocês quiserem. Mas já disse que posso dar conta disso sozinho.

Lançamos nossos espíritos: éramos dez. Eu estava à frente. Todos nós tínhamos armas em nossas mãos. Lanças, foices, punhais, correntes, entre outras.

Era noite. Antes mesmo de chegarmos ao portão daquele cemitério, de longe pude ver quem expulsou meus dois seguidores.

Ele estava envolto por uma longa capa preta por fora e vermelha por dentro. Sua face estava oculta por um capuz que havia em sua capa, suas mãos estavam para trás, parecendo esconder algo.

Confesso que ele transmitia medo, mas eu não estava preocupado. Só queria acabar com seu espírito e invadir aquele cemitério.

Chegamos ao portão.

– Aí está ele – disse um dos meus seguidores.

– Por que impediu que eles entrassem, seu imbecil? – indaguei àquele Ser desconhecido.

– Porque não vieram fazer o bem – afirmou ele, e prosseguiu: – E os expulsei. Este lugar está protegido. E tenha mais cuidado em suas palavras ao se dirigir a um desconhecido.

Eu gargalhei, zombando das palavras dele, e dei um passo à frente. Ele começou a recuar para dentro do cemitério.

"Ele está com medo", pensei, mesmo não vendo totalmente sua face. Uma parte ainda estava oculta pelo capuz.

Certo de que ele estava com medo, comecei a invadir o cemitério vagarosamente.

– Afaste-se! – pediu ele.

– Mas é um idiota mesmo, não? – eu me dirigi a ele e prossegui: – Não percebe que estamos em maior número, seu estúpido? Você está sozinho. Em poucos segundos, podemos reduzi-lo a nada.

– Não afirme algo que seus olhos não podem ver, meu amigo. Quem faz o bem aos desconhecidos, geralmente, nunca anda sozinho. Afaste-se! – ordenou aquele Ser desconhecido por mim.

Achei estranha sua reação. Eu já havia olhado para dentro do cemitério, não havia ninguém além dele. Então pensei: "Esse idiota só pode ser louco mesmo. Acha que pode enfrentar todos nós".

Como ele estava recuando, continuei avançando. Sentia que seria fácil dominá-lo.

Mas, mesmo estando "sozinho", ele insistia em ser corajoso:

– Não subestime minha forma de agir, meu amigo! Posso estar falando de maneira branda, mas tenho meus limites. Se eu tiver que pedir novamente, tenha certeza de que não será assim. Afaste-se agora! Este é o último aviso – ordenou a mim.

Fiquei em fúria com aquela ordem:

– Quem você pensa que é para me dar ordens, seu maldito miserável? – eu o insultei. Em seguida, ordenei para meus seguidores avançarem.

Ele havia dado alguns passos para trás. Eu achava que ele estava com medo, mas não era isso. Tempos depois, descobri por que ele recuava. Seu mental estava em outros lugares. Ele mentalizava seus aliados.

Nós já estávamos para atacar, quando ele se ajoelhou, ergueu duas espadas e as cravou no solo daquele cemitério.

Parei no mesmo instante, pois senti uma vibração imensa e medo. Isso porque, depois de ele ter cravado suas espadas no solo, em fração de segundos apareceram dezenas de Seres estranhos de todos os cantos daquele cemitério. Todos estavam de posse de suas armas de proteção. E o pior... Estavam trabalhando para a Lei Maior.

Eu ainda não sabia quem era aquele Ser à minha frente, mas estava prestes a descobrir.

Ele se levantou, apanhou uma das espadas e a encostou em meu pescoço:

– Agora, vou responder à sua pergunta, Ser das trevas. Sou o Guardião deste Cemitério! Enquanto eu estiver regido pela força do Cavaleiro das Almas, continuarei a proteger este lugar. E não vou permitir que entre aqui para fazer o mal aos Seres perdidos.

Naquele mesmo momento, fiquei estático. O medo consumia meu espírito. Ele prosseguiu:

– Vamos! Dê apenas mais um passo em minha direção e darei ordens para que meus aliados defendam este lugar.

Comecei a recuar para sair do cemitério. Eram muitos os aliados deles.

– Sábia escolha, meu amigo! Mas seria muito mais sábio de sua parte se tomasse a mesma decisão que seus seguidores tomaram – disse ele.

Eu olhei para trás, não havia nenhum dos meus seguidores. Todos haviam fugido.

Aquele Guardião carregava grande força em seu espírito, e mais força ainda em suas espadas. Além disso, eu não tinha noção de quantos aliados havia com ele. Não tive outra escolha, a não ser fugir.

Mas não parei por ali. Ainda continuei por um bom tempo a agir fora da lei. Até que algo fez com que eu começasse a cair na minha triste realidade. Meu próprio mental começou a me cobrar por meus erros.

Comecei a me lembrar constantemente de tudo o que havia feito desde que me aliei aos Trevosos. "Por que fiz essas coisas? Por que estou fazendo outros sofrerem, sendo que eles poderiam encontrar novos caminhos, mesmo que tenham agido de forma errada quando em vida na carne? Por que estou aceitando ofertas negativas para perturbar outros que estão em vida? Fui eu o culpado de tudo o que aconteceu em minha vida. Não escutei Joaquim, Barnabé, Miguel e outros que tentaram me ajudar. E, mesmo após estar vivendo em espírito, também não escutei o sábio José. Todos pareciam saber da verdade que fora deixada em meu espírito", pensei e fiz essas perguntas a mim mesmo por diversas vezes.

Todos aqueles grandes sábios não sabiam ao certo sobre a verdade que estava em meu espírito, mas, fato era... Estava tão nítido que não havia como não desconfiar. Como uma pessoa pode ficar desacordada por quase dois dias e, quando volta, sente-se como se fosse outra, um

Ser de idade avançada e, tempos depois, sente que carrega vasto conhecimento e consegue receber a força de um Orixá para ajudar a quem estava sofrendo? Não... O que aconteceu comigo não foi mal súbito. E tive essa certeza somente depois, mais precisamente quando já estava seguindo a Lei Maior.

Entretanto, fui tolo. Usei o meu direito de escolha e decidi trilhar meus caminhos para as trevas, e esses pensamentos só fizeram com que eu sentisse mais ódio. Mas de mim mesmo. E, por causa do tempo em que fiquei a pensar em tudo o que aconteceu, cheguei à conclusão de que meu espírito estava amaldiçoado; sentia que estava condenado a viver nas trevas pela eternidade. Então, decidi que não iria mais fazer maldades aos que estavam perdidos, nem aos encarnados.

No entanto, aquela decisão me custou caro, pois todos se voltaram contra mim. Com a ajuda do chefe maior, torturaram meu espírito durante tempos, mas muitas vezes eu os afrontava. Nossas batalhas pareciam que não teriam fim. Cheguei a esgotar muitos deles, às vezes, eu também era esgotado, e por causa da minha decisão e da força que havia em meu espírito, expulsaram-me daquela parte das trevas.

Sem seguidores, fiquei durante algum período perambulando pelo plano terrestre, e como havia tantos com suas falanges de Trevosos, eu não iria esperar que viessem ao meu encontro. Se isso acontecesse, era certo que eu seria mais um de seus escravos ou até mesmo esgotado por eles. Ainda que tivesse forças em meu espírito, dificilmente seria capaz de enfrentar um chefe com uma grande falange de Trevosos.

– E o que fez então? – perguntei ao Guia.

– Decidi que iria em busca da centelha do meu espírito. Queria que fosse reduzindo a tal ponto que não fosse mais nada, senão um Ser vazio.

– E sabia como fazer com que seu espírito virasse uma centelha?

– Sim! Era só me recolher em algum canto e ficar me autotorturando por tudo. Iria demorar, mas meu espírito seria reduzido a nada.

Todavia, como eu estava perturbado e preocupado com a possibilidade de outros virem ao meu encontro, não queria esperar tanto tempo. Então, decidi voltar àquele cemitério onde fui impedido de entrar com meus seguidores. Lá, iria enfrentar o Guardião e todos os seus aliados, teria de mostrar de alguma forma que queria acabar com eles. Logo, eles teriam de se defender fazendo uso de suas armas e da força da lei que carregavam nelas e em seus espíritos. Se isso acontecesse, seria o início do meu esgotamento.

Mas eu também tive receio de ser pego e ser preso pelo Guardião. "Se isso acontecer, que eu pague até que meu maldito espírito seja reduzido a nada", pensei.

Decidido, segui para o cemitério para mais uma vez afrontar o Guardião. E, sem saber, eu estava prestes a tomar a decisão errada, mas no lugar certo.

Decisão Errada...
No Lugar Certo

    Tempos depois, ainda perambulando pelo plano terrestre, mas certo de querer meu fim, carreguei grande ódio em meu espírito e me lancei para o cemitério. Ao chegar, vi que o Guardião não estava no portão, mas havia dois de seus aliados ali. Um deles estava envolto por uma longa capa preta e tinha um tridente em suas mãos. O outro usava uma túnica, sua face estava oculta pelo capuz e parecia não carregar nenhuma arma. Mas carregava. Estava escondida sob suas vestes.
    "É agora. Vou enfrentá-los. Se aparecerem todos aqueles Guardiões, será o início do fim do meu espírito", pensei.
    Fui em direção ao portão.
    – Saiam da minha frente, malditos seguidores da Lei! – ordenei com fúria.
    – Não veio fazer o bem. Não pode entrar aqui – disse o que estava envolto por uma longa capa preta. Ele estava calmo.
    Eu gargalhei e disse:
    – Não vim mesmo, seu idiota! Vim para fazer de escravos os que aqui estão perdidos. Serão meus. Vamos! Saiam da frente ou terei de invadir à força, seus miseráveis.
    – Pense bem no que vai fazer – era o Guardião que usava a túnica quem falava. – Se entrar, teremos de seguir conforme manda a Lei! Teremos de proteger os que aqui estão perdidos. Além disso, não me

responsabilizo por minhas ações. Já está advertido. Faça o que acha ser melhor para você.

"Meu plano deu certo. Eles vão agir conforme a Lei. Era isso mesmo o que eu queria", pensei. Em seguida, me dirigi a eles com estupidez.

– Calem suas bocas, miseráveis! Vou invadir e ninguém vai impedir.

Eu já havia marcado um lugar daquele cemitério. Fiz isso enquanto enfrentava aqueles Guardiões. "Vou lançar meu espírito até lá", pensei.

Rapidamente lancei meu espírito para dentro do cemitério. O local era bem longe do portão.

Mas o Guardião que usava a túnica foi mais rápido. Ele já estava lá à minha espera.

– Você é muito idiota mesmo, não? – disse ele e prosseguiu: – Acha mesmo que lançaria seu espírito sem que ninguém soubesse?

Subestimei aquele Guardião. Ele estava lendo meu mental. Por isso, sabia para onde eu lançaria meu espírito. O outro Guardião chegou em seguida.

Bem, como eu já estava dentro do cemitério, era hora de ameaçar a "atacar". Concentrei energias em minhas mãos e criei minha arma: uma simples corrente, para enfrentar dois Guardiões empunhados de armas poderosas.

– Vamos, seus miseráveis! Mostrem-me do que são capazes – eu ainda falava com ódio em meu espírito.

A corrente estava em minhas mãos, mas eu não estava em posição de ataque, nem de defesa. Para ser mais claro, estava pronto para ser atacado.

O Guardião que usava capa preta pegou seu tridente e cravou em meu peito. Meu espírito foi lançado a metros de onde estávamos, fazendo com que eu não tivesse forças para me levantar.

Eles se aproximaram de mim. O Guardião que usava a túnica parecia querer resolver aquela situação ali mesmo.

– Vamos esgotar esse maldito – falou meio enfurecido ao outro.

– Calma, companheiro. Ele não vai conseguir fazer nada. Está preso pelo tridente. Vamos esperar pelo Guardião do Cemitério. Ele dirá o que faremos com esse miserável.

O que queria me esgotar tirou de sua túnica um enorme punhal e direcionou para meu espírito.

– Agradeça a ele, miserável Ser das trevas. Por mim, exterminaria seu maldito espírito agora mesmo – e voltaram para o portão.

Fiquei ali com aquele tridente cravado em meu espírito. A força que ele continha era tanta que eu não conseguia nem sequer levantar minhas mãos para tirá-lo. Era impossível me lançar para fora do cemitério ou, ao menos, virar para lado algum. Enfim... Paralisou-me quase por completo.

Algum tempo depois, vi os dois Guardiões voltando, e junto a eles, com suas espadas em mãos, estava o Guardião daquele Cemitério. De longe, já podia sentir a força que aquele Ser carregava em seu espírito e em suas espadas. A força do Cavaleiro das Almas.

Naquele momento, pensei: "Vou desafiá-lo. Tenho certeza de que ele tem outorga para punir espíritos Trevosos".

Eles já estavam perto de mim, quando um deles disse ao Guardião do Cemitério:

– Aí está ele, Guardião. Tentou invadir, mas conseguimos detê-lo!

Ainda jogado ao solo daquele cemitério e preso pelo tridente, comecei a desafiar o Guardião:

– Então, você realmente é o Guardião deste cemitério? – perguntei e gargalhei. – Precisa selecionar melhor seus aliados, Guardião. Esses dois são incompetentes. Não sabem nem fazer uso de suas forças. São dois imprestáveis, assim como você também deve ser.

O Guardião nada fazia. Apenas me olhava de forma estranha.

– O que vai fazer, Guardião?! Eu invadi o ponto de força que você deveria proteger. Vai chamar outros de seus aliados ou usar a força do Cavaleiro das Almas que existe em seu espírito e em suas espadas? – eu falava de forma irônica, gargalhava, desdenhava, fazia tudo para tentar tirar seu equilíbrio, a fim de sentir a força de suas espadas. "Quem sabe assim meu espírito não suma de uma vez por todas", pensei.

Mesmo tentando tirar seu equilíbrio, o Guardião parecia não estar preocupado. Ele ainda agia de maneira estranha, olhava diretamente em meus olhos. Ao mesmo tempo que estava ali, parecia estar em outro lugar.

– O que está olhando, maldito Guardião? Está pensando no que fazer com esse miserável, jogado e preso por um de seus aliados? Não pense, seu inútil. Vamos! Faça logo o que ordena a Lei!

O Guardião continuou em silêncio, mantinha-se sereno, porém algum tempo depois mostrou estar um pouco fraco, mas logo recuperou sua vitalidade.

Tempos depois, fiquei sabendo por que o Guardião ficou fraco. Enquanto olhava em meus olhos, ele usava seu dom. E isso fazia com que seu espírito ficasse um pouco esgotado.

O Guardião guardou suas espadas dentro de sua capa. Em seguida, pediu ao que usava capa preta:

– Liberte-o!

O aliado do Guardião tirou o tridente cravado em meu peito. Ainda jogado ao solo e sem entender o porquê daquela ação, perguntei ao Guardião:

– Por que fez isso, Guardião? Por que não fez o que manda a Lei? – perguntei com um tom de estupidez.

– Porque está errado quanto à sua decisão. Levante-se, Ser das trevas! – disse o Guardião do Cemitério.

Fiquei diante do Guardião.

– Por que estou errado, Guardião? O que o faz pensar isso? – naquele momento, eu já estava sentindo certo arrependimento por ter invadido aquele cemitério.

– O que deseja que seja feito não será feito por mim. Se quer esgotar seu espírito, faça isso sozinho.

"Como ele sabe que eu desejo o fim do meu espírito?", perguntei a mim mesmo em meu mental. – Por que está dizendo isso, Guardião? – eu já não falava de forma estúpida.

– Porque essa não é sua verdade. Já deu o primeiro passo. Arrependeu-se do que fez. Agora, vá em busca do perdão de seu espírito. Encontre sua paz.

Confesso que carreguei por décadas o ódio em meu espírito. Isso fazia com que nenhum sentimento bom brotasse em mim, mas, após ouvir aquelas palavras, lágrimas brotaram em meus olhos.

– Peço desculpas por ter invadido o cemitério, Guardião. E agradeço por suas palavras. Mas é tarde para ir em busca da paz para meu espírito. Seria melhor que você fizesse dele uma centelha sem luz. Mas já vi que não vai fazer isso – e saí daquele cemitério.

Caminhei sem destino. Ainda desejava o fim do meu espírito, e durante aquela longa caminhada, senti uma estranha energia. Era como se alguém estivesse me seguindo, porém eu não podia ver, apenas sentia... Confesso que não estava preocupado quanto a isso. "Se for algum Trevoso chefe que está me seguindo para me fazer de escravo, que assim seja. Quem sabe ele e sua falange não acabem de vez com meu espírito", pensei. Mas estava enganado quanto àquela estranha energia.

Depois de uma longa caminhada sem destino, encontrei um cemitério pouco frequentado. Ainda pensando em meu fim, entrei em uma de suas várias sepulturas e fiquei a me torturar.

Busquei todo o meu passado, sentia que aquilo não fazia bem ao meu espírito. Então, continuei a agir da mesma forma. Só iria parar com aquela autotortura quando não pudesse sentir mais nada, quando meu espírito se tornasse uma centelha sem luz.

Mas isso não iria acontecer, pois meu último ato insano de invadir um cemitério, onde tentei enfrentar os Guardiões, fez com que eu realmente fizesse a escolha errada no lugar certo.

O Inesperado

Não sei precisar o tempo em que fiquei naquela sepultura, mas posso garantir que foram anos, pois ao ser encontrado, estávamos no século XX, a Sagrada crença já existia, com muitos templos abertos.

Durante o período em que permaneci naquela sepultura, lembro-me de ter feito preces. Em pensamento, pedi perdão a todos os sábios escravos que tentaram fazer com que eu seguisse pelos caminhos de luz, até que a verdade que estava em meu espírito fosse revelada. Pedi perdão inclusive aos grandes sábios Barnabé e Joaquim, bem como ao velho Miguel. Eu ainda não sabia o destino de seus espíritos, mas levei em consideração o que faziam na carne e como agiam diante das maldades. "Tenho certeza de que seus espíritos seguiram a luz", pensei.

Também pedi perdão ao sábio José, um Ser em vida que tentou redirecionar meu espírito. Pedi perdão ao nosso Criador Maior e, ainda ciente dos meus erros, continuei a desejar o fim do meu espírito.

Tempos depois, eu já sentia meus pensamentos negativos tomando conta de meu espírito. Não iria faltar muito para que começasse a me reduzir e virar uma centelha perdida, pois estava recolhido há muito tempo.

Ainda sem noção do tempo, mas ciente de onde estava, continuei desejando meu fim, quando ouvi alguém se dirigir a mim.

– Akin! Está consciente? Consegue me ouvir?

Mesmo tendo passado décadas desde que conheci aquele grande sábio, reconheci sua voz. Mas não sabia se era real ou se era meu mental fazendo eu querer ajuda.

Fiquei em silêncio. "Estou sendo cobrado por mim mesmo. Estou querendo ajuda. Essa voz está em meu mental", pensei.

Mas eu estava enganado.

– Sei que está me ouvindo, filho! Está agindo de forma errada. Desejar o fim de seu espírito apenas fará com que continue perdido dentro de si mesmo.

Não é meu mental. É real! – falei a mim mesmo.

– Barnabé? É o senhor?! – perguntei com lágrimas em meus olhos, ainda dentro daquela sepultura.

– Está vendo? Ainda tem sua consciência. Sabe quem está aqui fora. Sim! Sou eu, Barnabé!

Já um tanto desesperado, disse a ele:

– Perdoe-me, senhor Barnabé! Caso ainda tenha contato com Joaquim e meus pais, peça perdão por mim. Diga a eles que fui um fraco e mereço ficar na escuridão por toda a eternidade, até que meu espírito seja um Ser vazio. Diga isso ao sábio Miguel também – eu chorava, enquanto falava com Barnabé.

– Precisamos tirá-lo de onde está – ouvi Barnabé dizer.

– Não, senhor! Por favor! Preciso ficar preso até que meu espírito seja reduzido a nada. Aqui é o lugar de um Ser sem escrúpulos, como eu – pedi, achando que Barnabé havia falado comigo. Mas me enganei.

– Ele ainda está consciente, Nestor. Vamos! Faça o que ordenou a Lei. Tire-o desta sepultura antes que acabe por se negativar ainda mais – ouvi Barnabé se dirigir a alguém do lado de fora.

– Senhor, por favor! Não me ajude. Essa foi a escolha que fiz.

– Eu respeito sua decisão, filho. Mas recebi ordens da Lei Maior para resgatá-lo. Não posso ser omisso a Ela – afirmou Barnabé e, em seguida, se dirigiu ao que estava ao seu lado. – Vamos, Nestor! Faça o que ordenou a Lei Maior.

Segundos depois, senti algo entrando na sepultura. Era uma mão. Muito grande por sinal. Ela segurou um dos meus braços. A força que eu senti foi descomunal.

Preocupado e um tanto temeroso por estar sentindo aquela força, tentei perguntar:

– Quem é você? O que está... – mas não deu tempo de terminar a segunda pergunta.

Em um só "golpe", a mão que entrou na sepultura me puxou, jogando meu espírito quase para fora do cemitério, o qual ainda era um local abandonado.

Era o Guardião do Cemitério quem havia pegado meu espírito.

Ele e o sábio Barnabé vieram em minha direção quando eu ainda estava estirado ao solo.

— Por que fez isso, filho? Por que se deixou induzir a trilhar esses caminhos? — era Barnabé quem me perguntava. Ele tinha lágrimas em seus olhos.

— Perdoe-me, senhor! Fui um fraco! Mesmo estando evidente que havia uma missão destinada a mim, subestimei os que habitam a escuridão e segui seus caminhos.

— E acha que indo em busca do fim de seu espírito vai resultar em algo?

Fiquei em silêncio, mas Barnabé mesmo respondeu à sua pergunta:

— Sim! O resultado será que afundará ainda mais seu espírito, até que se torne um Ser vazio. É isso mesmo o deseja para si?

— Não tive outra escolha, senhor. Sentia que essa seria a única solução.

— E por que não foi em busca do perdão?

— Porque eu não mereço!

— Pois está pensando de forma errada. Se não merecesse, nem eu nem Nestor estaríamos aqui.

O Guardião fez com que eu ficasse de pé.

Fiquei cabisbaixo. Não sabia o que dizer. Mas o sábio Barnabé não iria desistir.

— Olhe para seu passado, filho! Veja tudo o que aconteceu depois que começou a trilhar por esses caminhos, e observe no que se transformou até tomar essa decisão. Agora, reflita sobre o que vou dizer. Acha que foi por acaso Nestor não ter usado a força que existe em suas espadas quando tentou enfrentar não só ele, mas também seus aliados?

— Teria sido melhor se tivesse usado, senhor. Seria um único sofrimento.

— Não seja tolo, Akin! Sofrimento é o que iria sentir se continuasse preso dentro de si mesmo!

Parei para refletir. "Sim, Barnabé está certo. O Guardião não viria aqui à toa, depois de tudo o que disse a ele e a seus aliados", pensei.

Após pensar um pouco, comecei a me arrepender da minha estupidez:

– Novamente peço desculpas, Guardião. Eu não deveria ter invadido o cemitério para afrontá-lo. Fiz apenas por sentir que poderia ter um fim de forma instantânea. Mas sou grato por não ter usado suas espadas – em seguida, me dirigi ao velho e sábio Barnabé: – Agradeço ao senhor, por ter vindo e evitado que eu continuasse com esse ato insano.

– Não agradeça a mim – disse Barnabé. – Agradeça a esse Guardião. Se não fosse por ele fazer uso do dom que tem, talvez eu não estivesse aqui.

– Recorreu a um dom? – perguntei meio curioso.

– Sim! – afirmou Barnabé e prosseguiu: – Nestor tem o dom de voltar ao passado. Quando você foi rendido por um de seus aliados e ficou preso com um tridente em seu peito, ele olhou em seus olhos e viu toda a vida que teve no engenho, seu desencarne, algumas coisas que fez em espírito e seu arrependimento. Além disso, outra coisa fez com que Nestor tomasse a decisão de libertá-lo: quando voltou ao seu passado, viu alguns dos negros que foram escravos naquele engenho. Eu estava junto a esses. Por isso, ele pediu para que o libertassem. Assim que você saiu do cemitério, ele pediu para um de seus aliados o seguir para ver aonde iria. Ele viu você adentrando aquela sepultura. Tempos depois, Nestor me chamou e contou tudo o que havia acontecido. Se você tem dúvidas do que estou falando, pergunte a ele – Barnabé estava muito sério.

"Tudo isso faz muito sentido. Por isso, o Guardião ficou olhando em meus olhos enquanto eu ainda estava preso pelo tridente de um dos seus aliados", pensei.

– Não, senhor. Não vou perguntar ao Nestor. Confio em suas palavras.

– Pode chamá-lo de Guardião, filho. Nestor é o nome que ele teve quando esteve na carne. Foi assim que eu o conheci e é assim que o chamo – Barnabé deu um leve sorriso.

– Obrigado, Guardião. E mais uma vez peço desculpas pelo que fiz – eu me dirigi a ele.

– Talvez, tenha feito a escolha errada no lugar certo – falou de forma séria o Guardião.

– Por que diz isso, Guardião?

– Tenho de voltar ao cemitério. Se quiser, pode vir junto – e começou a caminhar.

– Por que ele não respondeu à minha pergunta, senhor Barnabé?

– Deixe que o tempo responda, filho – disse Barnabé, e também começou a caminhar.

Fiquei parado. Não sabia o que fazer.

Barnabé olhou para trás.

– Vai ficar aí parado, Akin? Já tem o convite de Nestor, mas não podemos forçá-lo a nada. A escolha é sua!

Eu não poderia ser tão tolo, ao ponto de não sentir que a mudança de minha vida em espírito estava diante de mim.

Início da Minha Evolução

Era noite quando chegamos ao cemitério. Um dos aliados do Guardião estava no portão. Era o mesmo que queria usar seu punhal para esgotar meu espírito.

Ao vê-lo, fiquei apreensivo. Não sabia do que aquele Ser seria capaz contra mim.

– Guardião... Preciso dizer algo – eu estava meio temeroso.

Mas o Guardião já sabia o que eu perguntaria.

– Se está preocupado com esse que está no portão, agradeça-lhe. Foi ele quem o seguiu e viu quando afundou seu espírito naquela sepultura.

"Então, era por isso que eu sentia aquela estranha energia. Era esse Guardião que me seguia", pensei.

Mesmo inseguro, agradeci ao Guardião que estava no portão.

– Obrigado... E peço desculpas pelo que disse quando invadi o cemitério. Eu estava descontrolado.

– Fique tranquilo. Já estou acostumado com insanidades – falou de forma séria. – Entre!

Adentrei e segui o Guardião do Cemitério e Barnabé. Eles foram em direção a outros Guardiões.

– Salve, Companheiros! – era o Guardião quem saudava seus aliados. – Este é Akin. Foi resgatado há pouco. Ficará entre nós até que a Lei decida o que fazer.

Confesso que fiquei apreensivo ao ver tantos Guardiões perto de mim e bastante confuso com tudo o que havia acontecido; mais ainda, após ter visto todos os símbolos nas capas dos Guardiões e suas armas de proteção. Barnabé também tinha símbolos em suas vestes. Além disso, todos carregavam grande força em seus espíritos e estavam trabalhando para a Lei, e isso fez que eu voltasse a sentir ódio de mim mesmo. "Todos então servindo à Lei. Fui um estúpido!", pensei.

Barnabé notou que eu agia de forma estranha.

– Nestor, podemos falar em outro canto? – Barnabé se dirigiu ao Guardião.

– Claro, senhor!

– Venha também, Akin – disse Barnabé.

Fomos para outro lugar, onde não havia ninguém.

– O que o aflige, filho? – perguntou Barnabé.

Não sabia ao certo o que responder, mas tinha certeza de uma coisa: não era digno de seguir pelos caminhos de luz. Assim eu sentia.

– Eu me sinto um estúpido, senhor! Foram tantos os avisos e, mesmo assim, trilhei meus caminhos de maneira errada. Não sou digno de estar aqui. Não existe verdade em meu espírito. O que aconteceu no engenho quando fiquei desacordado por quase dois dias, talvez, era para ter sido meu fim. Mas Joaquim interveio e me trouxe de volta à vida!

– Não seja tolo, Akin! – Barnabé retrucou de forma séria. – Acha mesmo que Joaquim fez aquilo sozinho? Ainda não acredita que teve influência divina? Além do que, Joaquim não o trouxe de volta à vida. Até onde me lembro, Joaquim só manteve sereno o corpo que mantinha seu espírito, pois podia ver seu cordão da vida ligado a ele – Barnabé falava seriamente. Seu olhar demonstrava não ter gostado do que ouvira.

Fiquei em silêncio. Não sabia o que dizer.

Mas Barnabé não iria desistir. Após receber permissão para me resgatar, já tinha certeza de que aqueles dois dias desacordado na Terra foram um número bem maior no plano espiritual.

– Está pensando de forma tola, Akin. Se continuar assim, levará seu espírito de volta ao mundo em que estava.

– Sei disso, senhor. Mas não consigo pensar de outro modo, tendo visto sua evolução e a de tantos Guardiões da Lei. Todos trilharam seus caminhos de forma correta. Já eu, fui obrigado a seguir as trevas. Ou melhor... Quis seguir por aqueles caminhos. E creio que tudo pelo que passei na carne e em espírito foi em consequência de débitos de vidas passadas. Acho que eu não tinha escolha.

— Seguiu os caminhos das trevas porque procurou — afirmou o Guardião do Cemitério. — Se tivesse ouvido os conselhos, talvez sua caminhada fosse diferente. E se engana ao dizer que todos aqui trilharam seus caminhos de forma correta. Estou falando isso por experiência própria. Acredite! Você não gostaria de saber a vida que tive na carne. Porém, mesmo tendo uma vida de total desequilíbrio em espírito, também acreditei que poderia seguir novos caminhos e decidi mudar. Minha decisão fez com que Barnabé viesse ao meu encontro e, acredite, eu estava a metros de ser condenado a ficar preso por toda a eternidade — o Guardião fora firme em suas palavras.

Naquele momento, Barnabé lembrou-se de algo e resolveu contar a mim, a fim de ver se eu mudaria meus pensamentos.

— Diga-me uma coisa, Akin. Por acaso, voltou ao engenho onde fomos mantidos como escravos?

— Sim!

— Pensou em Joaquim, antes de voltar para o engenho, já em espírito?

— Sim! Muitas vezes. Também pensei no senhor.

— Alguém tentou ajudá-lo no engenho?

— Sim! Um senhor. José era seu nome. Por que senhor? — perguntei sem entender nada.

Barnabé me contou que, quando o jogaram na estrada após seu último encontro com o açoite, ficou ali por quase cinco dias. Pedia ajuda ao nosso Criador, aos Orixás, a todos os Seres de Luz. Mesmo fraco, sabia que não deveria desistir. Durante esses dias, disse que nunca se esqueceu de Joaquim; quando achou que não havia mais esperança, foi resgatado por dois jovens negros e levado até uma pequena vila. Lá, reencontrou Joaquim e ficou sabendo que, enquanto fazia suas preces jogado na estrada, Joaquim era intuído a fazer preces também, pois as de Barnabé chegavam ao seu mental.

Depois daquela pequena narrativa, só pude crer em uma coisa:

— Então, será que foi Joaquim quem disse onde o senhor estava aos dois que o resgataram? — perguntei.

— Tive essa certeza depois que o reencontrei. Joaquim é muito sábio. Tem muitos dons. E um deles fez com que visse onde eu estava. Nosso Criador Maior fez com que nossos mentais ficassem ligados. Por isso, fui encontrado ainda com vida.

— Então, foi isso! Só podia ser Joaquim quem intuía o sábio José – falei a mim mesmo.

Barnabé confirmou.

— Não tenha dúvidas quanto a isso, Akin. Não sei por quantas vezes vi Joaquim sentado em um toco embaixo de uma árvore fazendo preces em nome dos que viviam no engenho. Fazia inclusive em seu nome. Acha que Joaquim faria isso se não sentisse que você teria uma linda missão a seguir?

Naquele momento, eu não tive dúvidas quanto ao que Barnabé dissera.

Mas, mesmo assim, o sentimento de repugnância que eu tinha em meu espírito fez com que eu não acreditasse em mais nada no que dizia respeito a mim. Muito menos, na verdade deixada em meu espírito quando eu ainda era um jovem.

— Bem, então isso quer dizer que, até aquele momento, o senhor ainda não sabia o que havia acontecido quando ficou desacordado por quase dois dias no engenho, correto? – perguntei ao Guia.

— Exatamente! Tudo ficou oculto em meu espírito. Eu ainda era muito jovem. Deus agiu com sabedoria. Será que eu teria equilíbrio para aceitar o que iria acontecer e agiria com humildade, como Joaquim, Barnabé, Miguel e tantos outros que carregavam dons? Já vi muitos se vangloriando por seus dons. Por isso acredito que o fato de eu não ter descoberto ainda jovem era porque eu precisava estar maduro para entender tal situação e usar de forma sábia tudo o que fora deixado em meu espírito. Inclusive, aquele meu desdobramento também estava relacionado com a vinda de Otávio ao mundo, o filho de Lurdes. Mas eu não dei tempo para que minha verdade fosse revelada a mim. Vou prosseguir...

Barnabé e o Guardião tentaram de várias formas mudar meus pensamentos, mas sentiam falar em vão.

— Bem, filho. Então, pelo que pude entender, realmente acredita que veio ao mundo para sofrer em vida na carne e habitar a escuridão após a morte. E o que aconteceu quando ficou desacordado por quase dois dias foi apenas um mal súbito. Não houve nada de espiritual naquele dia. Estou certo? – perguntou Barnabé.

– Um Ser que usava a força física para agredir outros, tirou vidas e aceitou viver na escuridão durante décadas não é digno de receber dom algum, senhor. Por isso não me resta alternativa, a não ser a de acreditar que nada aconteceu naquele dia.

Barnabé balançou a cabeça de maneira negativa: – Nestor, dê-me um minuto, por favor.

Barnabé e o Guardião iam conversar em outro canto, mas antes, Barnabé me fez perguntas, a fim de ver se eu mudaria meus pensamentos:

– Akin, peço que reflita sobre o que vou lhe perguntar. Será que foi muita coincidência você ter ido justamente ao cemitério onde havia um Guardião conhecido meu, bem na época em que uma nova crença religiosa acabava de ser apresentada aos olhos dos que estão na carne, quando ela precisa de Seres em espírito para propagá-la?... Será que tudo o que aconteceu em sua vida não teve influência divina, filho? – Barnabé deu um leve sorriso e foi para outro local com o Guardião.

"Barnabé está certo. Tantos cemitérios, e fui parar em um onde havia um Guardião que o conhecia", pensei.

Enquanto eu pensava, Barnabé e o Guardião conversavam.

– Nestor, Akin ainda está preso ao passado. Todos os erros que cometeu estão fazendo com que continue a negativar seu espírito. Não podemos deixar que permaneça assim. Caso contrário, poderá novamente desejar seu fim. Enquanto escutava tudo o que Akin falava, comecei a me lembrar da vida que tivemos quando fomos escravos. Acho que podemos fazer algo. Lembro-me de que Joaquim sempre aconselhou muitos dos que queriam seguir o Culto aos Orixás, e Akin estava entre eles. Ainda jovem, mas estava. Além disso, foi o próprio Joaquim quem clamou pelo Orixá das Almas para que conservasse sereno o corpo que mantinha o espírito de Akin. Acredito que posso falar com Joaquim sobre esse resgate, ordenado pela Lei Maior, para ver como podemos ajudar. Joaquim é muito sábio!

– Acha que conseguirá encontrar Joaquim no plano espiritual, senhor? – perguntou o Guardião do Cemitério a Barnabé.

– Creio que sim. Hoje vivemos na mesma egrégora espiritual. Mesmo havendo muitos Seres de Luz ali, creio que posso encontrá-lo.

– Compreendo. E quanto a Akin?

– Ainda não sei, filho. Não sei qual será sua missão. Quando as preces de Akin chegaram ao Plano Espiritual, fui orientando a esperar, pois ainda não era o momento dele. Só tivemos permissão para fazer seu resgate depois que você me procurou. Porém, não me foi dito qual seria a missão de Akin. Mas creio que Joaquim possa nos ajudar, caso tenhamos outorga da Lei Maior.

– Compreendi, senhor. Bem, enquanto isso, cuidarei para nenhum Trevoso se aproximar de Akin.

– Faça isso, Nestor. E caso queira levá-lo a algum templo religioso onde Guias trabalham prestando a caridade, procure não deixar que Akin fale com alguns dos Velhos Sábios. Enquanto conversamos, ocorreu-me algo. Creio que seja a melhor forma de fazer com que Akin veja sua verdade. Caso contrário, é possível que volte a ficar preso dentro de si mesmo.

– Vou esperar pelo senhor. Não levarei Akin a templos onde possa ter atendimento com os Velhos Sábios, até que o senhor diga o contrário.

– Muito obrigado, Nestor. Sempre soube que podia contar com sua ajuda. Sou grato a nosso Criador Maior por isso.

– Eu que sou grato por Ele ter direcionado o senhor quando ouviu minhas preces. Eu estava a metros de ser condenado pelos Trevosos – afirmou o Guardião.

– Essa também é minha missão.

Eles conversaram um pouco mais. Barnabé disse ao Guardião algo que talvez pudesse me ajudar a aceitar a minha verdade.

– E descobriu o que Pai Barnabé disse? – perguntei ao Guia.

– Somente muito tempo depois. Mas confesso que foi uma ideia perfeita. Ninguém melhor do que aquele que conhece nossa essência para nos ajudar. Logo, você saberá.

Após conversarem, Barnabé e o Guardião voltaram para junto de mim. Eu já havia refletido sobre tudo o que ouvira.

– Está mais calmo, filho? – Barnabé me perguntou.

– Confesso que não muito, senhor. Mesmo assim, agradeço por suas palavras.
– Quer mesmo ser grato a mim? Se disser que sim, cobrarei algo para ser grato... Está disposto a pagar?
– Não sei como pagar o que fez por mim, senhor. Sempre me ajudou desde que estivemos na carne, e hoje ajudou novamente junto ao Guardião. Por mais que eu faça, creio que nunca conseguirei pagar tudo o que fez por mim. Mas, se estiver ao meu alcance, farei o possível.

Barnabé deu um lindo sorriso e me disse:
– Nunca pensei em cobrar nada de nenhum Ser, até porque não existe preço quando se faz a caridade. Mas de você vou cobrar! E tenho certeza de que está ao seu alcance. Quero que tenha fé, filho! Tente ocultar seu passado. Nem eu, nem Nestor sabemos o porquê deste resgate, mas de uma coisa tenho certeza: não foi à toa seu encontro com esse grande Guardião. E então? Consegue pagar o preço de acreditar que mudanças podem acontecer em sua vida em espírito?

Fiquei um tempo a pensar, e a conclusão a que cheguei naquele momento foi de que não haveria escolha a fazer, a não ser escutar as sensatas palavras do velho e sábio Barnabé. Eu não podia errar novamente.

– Senhor, não quero mais seguir pelos caminhos da escuridão. Quero mudar minha forma de viver em espírito. Não quero mais fazer o mal. Quero fazer o bem. Nem que para isso eu tenha que continuar a pagar por meus erros – afirmei a Barnabé.

Pude ver os olhos de Barnabé banhados em lágrimas ao ouvir aquelas sinceras palavras.

– Filho, acredite. Nunca é tarde para fazer o bem quando queremos – disse ele.

Eu assenti com a cabeça concordando com o que ouvira.

– Bem, preciso partir. Mas, antes, gostaria de dizer que Nestor está disposto a ajudá-lo, caso queira. Quanto a mim, vou ver o que posso fazer para auxiliar também.

Barnabé caminhou até o Cruzeiro das Almas que ficava no centro daquele cemitério. Ali abriu um portal.

Antes de adentrar o portal, Barnabé olhou para o Guardião.

– Não se esqueça da nossa conversa, Nestor! – e partiu para sua egrégora espiritual.

Confesso que fiquei meio sem jeito ao lado do Guardião do Cemitério. Também, depois de tê-lo agredido com tantas palavras chulas, não poderia ficar de outra forma.

Mas o Guardião afastou esses meus pensamentos naquele mesmo instante.

– Fique tranquilo. Não guardei rancor por suas palavras. Até porque, caso eu ou algum dos meus aliados estivesse em perigo, tenha certeza, teríamos seguido conforme ordena a Lei!

– Obrigado por poupar meu espírito, Guardião.

O Guardião apenas assentiu com a cabeça.

– Venha. Vamos falar com outros.

Ainda havia alguns aliados do Guardião naquele cemitério. Todos tinham seus pontos de força, mas às vezes iam para aquele cemitério para ajudar e serem ajudados pelo Guardião.

Aproximamo-nos dos outros Guardiões. Alguns com suas longas capas, outros com túnicas. Todos estavam empunhados de suas armas concedidas por quem os regia. Havia até Moças entre eles. Todas elas estavam plasmadas com seus lindos vestidos e carregavam suas armas de proteção.

– Senhores! Moças! – era o Guardião quem se dirigia a seus aliados e suas aliadas. – Peço que ajudem a proteger e direcionar este Ser ao meu lado enquanto eu estiver em missões. Conto com a ajuda de todos. Se possível, levem-no para as ruas e mostrem-no o verdadeiro trabalho de um Exu Guardião. Coloquem-no em missões. Só não o levem a nenhum templo religioso onde ocorra atendimento com os Velhos Sábios. Pelo menos por enquanto...

– Missões? Ruas? Mas para que, Guardião? – perguntei, sem entender nada e assustado também.

– Você não disse querer mudar sua forma de viver em espírito? Não disse querer fazer o bem?... Só estou fazendo com que suas palavras sejam verdadeiras a você mesmo – falou de forma séria o Guardião.

Um dos aliados se aproximou do Guardião. Ele carregava dentro de sua capa algumas armas de proteção. Ele se apresentava como Exu Sete Facas.

– Tenho uma missão nas ruas, na próxima noite da Terra, Guardião. Se quiser, posso levá-lo.

– Faça isso, meu amigo Sete Facas. Mostre a ele o que é e qual é o trabalho de um Exu Guardião.

O Guardião do Cemitério ainda não sabia qual seria minha missão, mas tinha conhecimento de que, caso eu precisasse evoluir, teria de esgotar toda a negatividade em meu espírito. E umas das formas pelas quais ele fazia isso era levando Seres para ajudar em templos religiosos ou em outros lugares. Levava justamente aqueles que andaram de maneira desordenada. Eu era um desses.

O Guardião tinha muitas missões. Uma delas era resgatar espíritos perdidos que apareciam naquele cemitério ou encontrados em outros lugares. Ia também a muitos templos religiosos, a fim de ajudar os que estavam na carne, bem como auxiliava Seres, outrora Trevosos, a evoluir.

Enquanto o Guardião fizesse suas missões, eu acompanharia seus aliados e suas aliadas. Eles deveriam seguir as orientações do Guardião do Cemitério. Iriam me mostrar o que era e qual o trabalho de um Exu de Lei.

Conhecendo os Trabalhos dos Exus Guardiões

Enquanto o Guardião do Cemitério estava em missões, eu andava com alguns de seus aliados.

– E pode contar os lugares para onde iam e o que faziam? – perguntei ao Guia.

– Claro! Frequentávamos encruzilhadas, matas, terreiros, casas e outros lugares onde era preciso ajudar em trabalhos de demanda negativa. Íamos até locais ou casas onde pessoas agiam de má-fé, e usavam a fé e a inocência alheias para tomar bens e valores em dinheiro. Nesses lugares, agíamos da seguinte forma: fazíamos com que pessoas desprovidas de conhecimentos procurassem outras casas que realmente praticavam caridade. Dos espíritos sem luz, nós mesmos dávamos conta. Já com as pessoas que usavam esses espíritos para enganar outros encarnados, na maioria das vezes, nós recebíamos outorga para fazer com que pagassem pelo que fizeram utilizando nomes de Guardiões, outros Guias e de Orixás de Lei para enganar os demais. E tenho que confessar... A conversa com essas pessoas era do nosso jeito. Jamais permitíamos que usassem nomes de algum Exu de Lei ou de outros Guias para seu próprio benefício. E isso nós, Exus, fazemos até hoje. A não ser que quem esteja recebendo orientações erradas mereça. Afinal, cada um tem aquilo que merece e o que busca para si. Não é mesmo?

Dentre tantas missões daqueles Guardiões e Guardiãs, uma delas era desfazer demandas que iam contra pessoas que não mereciam. Mas faziam somente quando a Lei Maior lhes concedia outorga.

Em umas das missões, eu acompanhava uma das aliadas do Guardião.

Ela era muito séria. Desencarnou com menos de 40 anos... Fazia um belo trabalho como Moça.

Antes de irmos à missão, resolvi tirar algumas dúvidas com ela...

– Posso fazer uma pergunta, Moça? – eu me dirigi a ela educadamente.

– Faça!

– Todos os aliados do Guardião foram regidos por um Orixá e trabalham abaixo do trono de um Exu Maior? Estou perguntando porque já ouvi alguns falando sobre isso.

– Sim! Todos!

– E poderia dizer qual seu campo de atuação e à qual falange a senhora pertence?

– Fui regida pelo Orixá que rege os mistérios do amor, mas trabalho no lado negativo do amor.

– Lado negativo do amor? – perguntei sem entender.

– Sim! Minha missão é ajudar onde a luz do amor passou a ser a escuridão da obsessão, em virtude do desequilíbrio amoroso. O desequilíbrio no amor pode levar uma pessoa a cometer insanidades ou, até mesmo, causar mortes... É aí que os Guardiões e as Guardiãs que trabalham nesse mesmo campo atuam. Tentam libertar pessoas dessa obsessão amorosa. Para alguns dos que estão na carne, tenho permissão para me apresentar como Dama da Noite... Mais alguma pergunta?

– Não, senhora Guardiã Dama da Noite.

– Vamos. Precisamos seguir para a missão.

A Guardiã plasmou em seu espírito um longo vestido. Um véu vermelho e preto cobria sua face.

Lançamos nossos espíritos. Em fração de segundos, já estávamos em um templo religioso. Ali, haveria atendimentos com base na nova crença religiosa. Como eu estava ao lado de um Guardião da Lei, os Guardiões que protegiam aquele templo permitiram que eu entrasse.

A Guardiã Dama da Noite conversava com o Exu chefe da casa, enquanto o responsável pelos atendimentos e alguns médiuns iniciavam a corrente.

Algum tempo depois do início da corrente, pude ver Guias chegando por um portal firmado no solo, bem no centro do terreiro... Eram diversos Exus e Moças chegando. Muitos deles traziam presos em suas armas e correntes Seres que deixaram de ser Trevosos ou espíritos caídos em busca da evolução.

Apreensivo, fui ao encontro da Guardiã Dama da Noite:

– O que vamos fazer aqui, Guardiã? Por que esses Guardiões e Guardiãs estão com esses Trevosos e caídos, rendidos em correntes e armas de proteção? – perguntei meio assustado.

– O Guia chefe deste templo, um Caboclo, disse ao responsável pelos atendimentos que seria preciso separar um dia para que somente o povo da esquerda pudesse trabalhar na parte da limpeza espiritual, tanto da casa como dos que aqui vêm em busca da paz de espírito. Por isso, esses espíritos que deixaram as trevas e os caídos estão aqui... Se querem evoluir, precisam trabalhar, assim como eu fiz e como você está fazendo.

– E é o que viemos fazer? Limpar este templo?

– Não exatamente. Minha missão de hoje já está direcionada.

Algum tempo depois, as pessoas já estavam sendo atendidas. Os Seres que não mais queriam andar pelos caminhos das trevas eram direcionados por Exus e Moças à limpeza da casa e das pessoas... Direcionados na forma de dizer. Com alguns, os Guardiões e as Guardiãs precisavam ser um tanto enérgicos.

Depois de tudo feito, os Guias que trabalharam na limpeza foram embora, assim como a maioria das pessoas também foi.

No templo ficaram o Caboclo, que ainda estava ao lado do responsável pelo atendimento do templo, e o Exu chefe da casa.

Além deles, também havia uma jovem de aproximadamente 20 anos, esperando por sua consulta. Ela tinha em mãos rosas vermelhas, velas e champanhe.

Passados uns momentos, por meio do responsável pelos atendimentos, o Caboclo chefe da casa chamou a jovem e começou a conversar com ela.

Eles já estavam há alguns minutos conversando, quando perguntei à Guardiã Dama da Noite:

– O que essa jovem tem, Guardiã?

– Ela precisa de ajuda. Já veio algumas vezes aqui, mas não teve auxílio.

– Estava em débito por isso a ajuda não foi concedida. Não é mesmo? – perguntei, certo do que falava.

– Sim. Ela tentou forçar um amor não correspondido. Usou magia negra e a força se levantou contra ela. Mas já temos permissão da Lei Maior para ajudá-la. Por isso ela está com aquelas oferendas em mãos... Vai ofertar ao povo da esquerda.

– E a senhora vai pegar a essência para ajudá-la. Estou certo?

– Sim. Mas não pense que você só ficará olhando. Ajudará também!

Pouco tempo depois, ainda fazendo uso da matéria do homem que era o responsável pelos atendimentos daquele templo, o Caboclo chefe fez a jovem se deitar em um manto branco e pediu que ela ficasse em prece... Foi aí que o Guardião e eu nos aproximamos para ajudar.

Saudamos o Caboclo chefe, em seguida, a Guardiã começou a dialogar:

– Peço licença, senhor Caboclo. Vim para cumprir minha missão.

– Filha, precisará de ajuda de minha matéria? – perguntou o Caboclo à Guardiã.

– Não será preciso. Já tive muita ajuda dos filhos desta casa. Creio que, com o auxílio deste Ser ao meu lado, possamos resolver... Agora, caso o senhor permita, podemos entrar no mental dela e fazer com que ela mesma diga. Mas vamos deixá-la consciente! Assim, saberá exatamente o que fez de errado. Quem sabe, desse modo, ela pense antes de cometer insanidades!

– Faça da forma que achar melhor, Guardiã – outorgou o Caboclo.

Aquela jovem já estava quase terminando sua prece. Eu já estava a par do motivo de ela estar em sofrimento, a Guardiã havia me conscientizado de tudo e disse o que eu deveria fazer.

Assim que a jovem terminou sua prece, tentou se levantar, mas o máximo que conseguiu foi ficar de joelhos e cabisbaixa. E o motivo era que eu, por ordem da Guardiã, já tomava conta do mental e do motor daquela jovem.

– Deseja dizer algo? – perguntou o Caboclo para a jovem, por meio de sua matéria.

Como eu já sabia de tudo, fiz aquela jovem dizer toda a verdade, mas também a deixei consciente, para que estivesse ciente da insanidade que cometeu. Foram aproximadamente 20 minutos de conversa com o Caboclo chefe. Ao final, a Guardiã, já usando a matéria daquela jovem, pediu licença ao Guia da casa para finalizar seu trabalho.

– Posso firmar meu ponto aqui? – era a Guardiã quem pedia ao Caboclo por intermédio da jovem.

– Esteja à vontade, Senhora Dama da Noite – outorgou o Caboclo.

Por meio da jovem, a Guardiã Dama da Noite firmou seu ponto, acendeu as velas e serviu a bebida. Em seguida se levantou, direcionou uma de suas mãos e pegou para si a essência que ali estava firmada.

– Isso é o suficiente para eu dar um fim em tudo, Senhor Caboclo.

O Caboclo agradeceu. Em seguida, a Guardiã deixou de dominar o mental e o motor da jovem. E esta, após voltar a si, estava nitidamente arrependida e envergonhada pelo que ouviu de si mesma.

Pouco tempo depois, a jovem estava deitada novamente sobre o manto branco e coberta por outro, quando a Guardiã direcionou suas mãos e fez com que a essência do amor renovasse o espírito daquela moça, tirando dela toda a obsessão amorosa.

Aquela jovem ainda foi orientada a voltar por mais alguns dias e, preciso confessar... Sua fé e o arrependimento fizeram com que se livrasse de sua própria demanda negativa.

Mas, infelizmente, nem todos que tentamos ajudar tiveram êxito.

– A Lei Maior não permitia ajudar esses por ainda estarem em débito? – perguntei ao Guia.

– Antes fosse isso. Na verdade, o motivo era que muitos esperavam o milagre "cair do céu". Não adianta você pedir ajuda e não ter fé, não acender ao menos uma vela, fazer suas defesas ou deixar de fazer o que os Guias pedem... Para ser ajudado, precisa fazer sua parte também! E o principal... Merecer!

Tanto foi o tempo em que fiquei ao lado daqueles Guardiões e Guardiãs que até comecei a gostar daquelas missões. Mas confesso que algumas coisas faziam com que a impaciência reacendesse em meu espírito quando estávamos tentando ajudar a outros. Ver espíritos aceitando oferendas para agirem de forma negativa, por exemplo.

Durante o tempo em que fiquei acompanhando as missões, o Guardião do Cemitério havia conversado com alguns de seus aliados. Disse a eles que precisariam esgotar a negatividade que havia em meu espírito, e isso seria feito em forma de trabalhos para a Lei; assim como muitos deles desfaziam demanda, eu também desfazeria. Mas confesso que não foi uma tarefa fácil para mim. Aliás... Até hoje não é! Digo isso porque, para mim, é difícil manter a calma quando se trata de lidar com muitos dos que são Trevosos. Mas, mesmo assim, estou trabalhando esse lado.

Bem, como eu já estava há muito tempo seguindo os aliados e as aliadas do Guardião do Cemitério, ele achou que eu poderia ajudar de alguma forma.

Quando isso aconteceu, eu estava no cemitério com outros Guardiões, quando o próprio Guardião veio ao meu encontro.

– Venha comigo, meu amigo. Temos uma missão.

Seguimos para a missão...

– Aonde vamos? – perguntei ao Guardião do Cemitério.

– À casa de um curandeiro. Ele precisa de ajuda. Logo chegaremos.

Lançamos nossos espíritos. Em segundos, chegamos a uma pequena casa.

Ao adentramos, deparei-me com a seguinte cena: um homem de mais ou menos 50 anos fazia preces próximo a algumas imagens. Ele aparentava estar muito abatido. Notei também uma estranha força sobre o local e algo irradiado no espírito daquele senhor.

Eu já sabia o que era. Após agir durante anos como um Trevoso, sabia a forma como muitos demandavam...

– Essa casa está sob a irradiação de algum espírito ruim! – afirmei ao Guardião do Cemitério.

– Algum não... Alguns! – afirmou o Guardião.

– Este senhor também está! Posso ver uma linha negativa ligada a seu espírito – afirmei.

– Exatamente! Venha. Vou lhe mostrar algo.

Fomos até um cômodo nos fundos da casa, onde havia um altar com uma oferenda aos Orixás. Era um pedido de ajuda.

– Está vendo este altar? – era o Guardião do Cemitério quem perguntava a mim. – Aquele senhor que clama por ajuda recebeu a incumbência de fazer deste cômodo um Templo de Caridade. Mas algumas pessoas, infelizmente, não aceitaram. Então, fizeram trabalhos negativos, a fim de atingir a casa e o curandeiro.

– Posso supor que sejam pessoas que usam espíritos sem luz para fingir ajudar outros e, como esse senhor ia ajudar em forma de caridade, outros não gostaram – eu já sabia como muitos agiam.

– Infelizmente, essa é a verdade, meu amigo Akin – afirmou o Guardião.

– E estão conseguindo. Tanto que até o curandeiro está sendo atingido pelo que foi demandado – eu já demonstrava não gostar do que via.

– Exatamente... Ele foi atingido porque aceitou sua missão em fazer a caridade como ordenou a Lei. Como muitos sabiam como ele iria trabalhar, demandaram. Ao sentir a demanda, deixou-se abater.

– E podemos fazer algo para ajudá-lo, Guardião?

– Sim. Nós já temos permissão para isso. Venha. Precisa ver outra coisa.

Fomos para o lado de fora da casa. Mais precisamente para os fundos. Em um canto, também havia uma oferenda com fumo, marafos, velas, punhal e um tridente. Tudo dentro de um ponto riscado.

– Sabe por que ele fez essa oferenda, não sabe? – perguntou o Guardião do Cemitério.

– Sim. Ofertou pedindo ajuda ao povo da esquerda, assim como também pediu aos Orixás da direita.

– Exatamente! Bem, essa será a primeira missão na qual tomará sua decisão... O que irá fazer? – perguntou de forma séria o Guardião do Cemitério a mim.

– Vou pegar a essência que está nesta oferenda ao povo da esquerda e levar aos que estão demandando contra esta casa e tentar negociar com eles, pois muitos são dependentes de vícios. Oferecerei a eles a essência do fumo e das bebidas, e pedirei que parem de demandar contra esta casa e contra aquele senhor. Estou certo?

O Guardião do Cemitério assentiu com a cabeça, concordando com o que ouvira.

Eu já tinha um pouco de conhecimento de como os Exus Guardiões faziam para ajudar os que mereciam, então, decidi que iria fazer da mesma forma. Naquele momento, direcionei uma de minhas mãos para a oferenda que ali estava e peguei sua essência. Iria usá-la a favor do curandeiro para que aquele templo pudesse ser aberto, a fim de ajudar pessoas. Em seguida, concentrei meu mental apenas no tridente que estava na oferenda. Segundos depois, a força daquele tridente já estava em minhas mãos em forma de arma de proteção. Caso fosse preciso, iria utilizá-la.

– Muito, bem. Você já tem em seu poder a essência do que fora ofertado. E agora? – perguntou o Guardião do Cemitério.

– Vou seguir aquela linha negativa que está ligada ao espírito do curandeiro para ir até onde foi feita a demanda. Lá, devem estar os que vibram contra esta casa.

O Guardião do Cemitério novamente assentiu com a cabeça concordando com o que ouvira. Em seguida, direcionou uma de suas mãos para a oferenda e puxou a vibração do punhal que ali estava.

– Pegue! – ele me entregou o punhal, que, de tão grande, parecia uma espada. – Faça como deve ser feito. Porém, somente use o punhal e o tridente caso seja necessário. Não faça uso em vão da força da Lei! Antes, tente negociar. É assim que nós, Guardiões da Lei, fazemos!

Assenti com a cabeça, concordando com o que o Guardião disse.

Narrativa do Preto-Velho Pai Barnabé:

Sim, Akin estava certo sobre o que deveria fazer, mas se esqueceu de um detalhe... Por mais que estivesse ajudando dentro da Lei, a essência da carne ainda estava em seu espírito. Não sentia mais ódio de si, mas não podia ficar perto dos que faziam maldades. Ainda mais quando estava tentando fazer o bem.

Akin e o Guardião do Cemitério lançaram-se seguindo o cordão energético que estava ligado ao espírito do curandeiro. Em fração de segundos, já estavam no local onde fora feita a demanda. O lugar era estranho. Ali, havia animais mortos, velas, bebidas, entre outras coisas. Próximo, três espíritos vibravam negativamente a mando de outro.

Com o punhal e o tridente em mãos e com a essência da carne vibrando em seu espírito, Akin foi em direção aos que vibravam e mantinham aquela demanda negativa.

– Seus malditos! – gritou. – Por que estão fazendo isso, miseráveis?

– Porque seremos muito bem pagos, seu imbecil – afirmou um deles e prosseguiu: – E é melhor vocês saírem daqui, antes que chegue quem nos ordenou.

O Guardião do Cemitério apenas observava, mantinha-se sereno.

Mas Akin, não. Estava em fúria, e com ela se lançou contra um deles e direcionou o punhal e o tridente para seu pescoço...

– Vamos, miserável! Repita que sou um imbecil e verá o que farei com o que resta em seu maldito espírito.

– Calma, meu amigo! Afaste isso de mim – pediu desesperado aquele Ser.

– Só vou afastar quando quem ordenou a vocês estiver aqui. Vamos! Mande esses dois miseráveis chamá-lo.

– Vão chamá-lo. Rápido! – ordenou o Ser, afastando seu pescoço do punhal e do tridente.

Os dois lançaram-se e voltaram em alguns segundos com o que havia ordenado que mantivessem ali suas energias negativas.

– Então, foi você, maldito! – Akin se dirigiu ao que havia ordenado. – Vamos! Ordene para que desfaçam isso. Se não ordenar, vou acabar com todos vocês, miseráveis – e direcionou o punhal para ele.

O Guardião do Cemitério empunhou suas espadas, mas não interferiu. Só estava preparado caso tivesse de agir.

O que havia ordenado pôde sentir a fúria que pairava em Akin. Sim, Akin estava agindo na Lei, mas sua essência ainda estava em seu espírito. Além disso, aquele Ser também pôde sentir que o Guardião do Cemitério carregava forças em suas espadas e que estava agindo na Lei.

Então, ele resolveu agir rápido. – O que estão esperando, seus miseráveis! – gritou o que ordenava aos outros dois que foram chamá-lo. – Não estão vendo que eles são executores da Lei? Vamos! Retirem o que deixaram! – ordenou.

Dois deles se aproximaram da demanda e direcionaram suas mãos. Com elas, rapidamente sugaram suas energias que ali vibravam.

– Agora, retire a sua, miserável! – ordenou Akin, ainda com o tridente próximo ao pescoço do outro.

Algum tempo depois, o cordão energético já não era mais visto. A demanda estava praticamente desfeita.

– Agora, saiam daqui, malditos! – ordenou Akin.

Assim que os Trevosos foram embora, o Guardião do Cemitério se aproximou de Akin e ficou olhando para ele por algum tempo. Parecia não acreditar no que acabara de ver.

– Você ficou louco? Não disse que negociaria antes de agir? – perguntou o Guardião do Cemitério.

– Vai me desculpar, Guardião! Mas não suporto esses miseráveis. Aquele senhor está tentando ajudar pessoas. Aqueles malditos estavam atrapalhando.

O Guardião novamente ficou em silêncio por um tempo, parecia refletir. Em seguida, disse:

– Bem, pelo menos fez com que a vibração fosse desfeita. Mas tente manter a calma na próxima vez.

– Obrigado, Guardião.

Narrativa do Guardião Exu Sete Capas:

Passou algum tempo. Eu não soube qual foi o resultado daquela missão. Mas eu veria com meus próprios olhos.

O Resultado de Minha Ajuda

Tempos depois, o Guardião do Cemitério veio ao meu encontro:
– Venha comigo, meu amigo – e caminhou para lançar seu espírito para fora do cemitério onde estávamos.
Era noite. Eu não sabia para onde iríamos e, como sempre, o Guardião estava muito sério; pensei ter feito algo errado.
– Algum problema, Guardião?
– Comigo não.
– Fiz algo errado?
– Até onde sei, não. Mas se fizer, tenha certeza... Levarei ao seu conhecimento.
– Tudo bem, Guardião... Aonde vamos?
– Barnabé quer falar com você.
Chegamos ao local. Era a casa do curandeiro que sofria a demanda. Na porteira havia dois Guardiões. Eram aliados do Guardião do Cemitério.
– Salve, companheiros! – era o Guardião quem saudava seus aliados.
– Salve, Guardião! – um deles saudou o Guardião do Cemitério. – Salve, iniciante! – saudou a mim.
Retribuímos as saudações e adentramos a casa. No primeiro cômodo, havia algumas pessoas sentadas em cadeiras. Elas pareciam esperar algo.
Fomos para o cômodo onde ficava o altar com as imagens. Lá, deparei-me com a seguinte cena: próximo ao altar, o curandeiro estava sentado em um banco. Ele pitava um cachimbo e tinha um rosário em

mãos. Um jovem perto dele o ajudava quando pedia algo. Ao lado do curandeiro, havia o espírito de uma mulher que aparentava ter deixado a carne por volta dos seus 30 anos, suas vestes traziam símbolos que lembravam o Cruzeiro das Almas. Alguns eram iguais aos das vestes de Barnabé. Ela irradiava sobre o curandeiro, parecia orientá-lo. Ao lado daquela jovem, em espírito, estava Barnabé; ele apenas observava. À frente do curandeiro havia uma mulher em vida na carne. Ela ouvia os conselhos da jovem em espírito por meio do curandeiro.

Assim que me avistou ali, Barnabé orientou a jovem em espírito que continuasse a irradiar sobre o curandeiro e veio ao meu encontro.

– Como está, filho?

– Bem, senhor – respondi, olhando tudo à minha volta.

– Surpreso com o que vê?

– Confesso que sim... O que aquela jovem em espírito faz ao lado do curandeiro?

– Está ajudando-o a orientar os que aqui vieram em busca da paz de espírito.

– Tão jovem assim e já trabalha na mesma vibração dos Velhos Sábios, senhor? – fiquei surpreso.

– Seu espírito pode ser jovem, mas traz grande conhecimento em sua essência.

Eu ainda estava abismado com tudo o que via. Não sabia ao certo por que aquele templo estava repleto de pessoas em busca de paz. Mas Barnabé me explicou:

– Isso é o resultado de seu primeiro trabalho na Lei, quando tomou sua decisão. A demanda foi desfeita, o templo foi aberto e o número de pessoas vem aumentando desde então. Logo será preciso que ajudemos esse curandeiro a iniciar outros, caso contrário, não dará conta de atender tantas pessoas sozinho. Ainda existem mais coisas a serem feitas, mas uma das mais importantes era manter a proteção deste templo no que diz respeito à parte espiritual, e Nestor já providenciou. Dois Guardiões já fazem a proteção deste templo. Quanto às outras coisas, creio que vamos conseguindo aos poucos – e, sorrindo, Barnabé concluiu:

– Estou orgulhoso, filho! Sua ajuda fez com que mais um templo fosse aberto!

– Obrigado, senhor! – agradeci. Aquelas palavras tocaram meu espírito.

– Apenas procure manter a calma quando agir em algumas missões. Precisa ter equilíbrio para conversar, também.

– Peço desculpas, senhor. Mas não pude me conter ao ver que esse senhor queria ajudar os que estão na carne e outros estavam querendo atrapalhar.

Barnabé sorriu.

– Sei disso, filho. Não fique se martirizando. Ainda me lembro de como agia na carne. Às vezes, era preciso três a quatro homens para tentar rendê-lo. Feliz ou infelizmente, carregou essa essência em seu espírito – e mais uma vez sorriu. – No entanto, o importante é que sempre faça tudo dentro da Lei. Quanto ao que carrega em sua essência, creio que seja compreensivo aos olhos da Lei Maior.

Tenho que confessar... Aquelas palavras foram fortalecedoras para meu espírito.

Mas não iria parar por ali, pois ainda havia negatividade em meu espírito. E boa parte dela era em razão do ódio que eu carregava dos senhores de engenho e dos feitores. Logo, eu teria de continuar com minha evolução para que o negativismo não mais fizesse parte de minha essência. Teria de seguir em missões, mesmo que elas fizessem com que o ódio brotasse em meu espírito. E era isso o que estava para acontecer. Sim... Eu estava prestes a enfrentar uns dos meus maiores desafios, tanto na carne quanto em espírito.

Vencendo a Fraqueza

Algum tempo depois, fui procurado pelo Guardião do Cemitério.
– Venha comigo. Terá uma missão em um templo religioso.
Seguimos para o templo. Após saudarmos os Guardiões da Porteira, fui levado à tronqueira ao encontro do Exu chefe.
O Exu chefe usava uma túnica, era quase toda preta, a não ser pelo capuz, que tinha algumas listas vermelhas.
– Salve, companheiro! – era o Guardião do Cemitério quem saudava o Exu chefe do templo.
– Boa noite, Guardião! Quem é o desconhecido?
– Foi resgatado. Temos permissão da Lei Maior para levá-lo em missões.
O Exu chefe ficou olhando de forma séria para mim e, em seguida, perguntou:
– Viveu na escuridão, não foi?
– Sim, senhor Exu. Mas não penso em voltar. Quero seguir dentro da Lei!
– Está certo quanto à sua decisão? Só estou perguntando porque muitos gostam da vida que levam. Além disso, se ajudar dentro da Lei Maior, precisa estar ciente de algo: todos os que estão na carne têm o direito de ir em busca da paz para seu espírito. Quem decide se merece ou não é a Lei! Quanto a nós, devemos apenas executar o que for outorgado por ela. Mesmo que achemos que quem venha a pedir ajuda não mereça ou que, de alguma forma, essa pessoa faça com que tenhamos

lembranças ruins – o Exu chefe falava como se algo estivesse para acontecer.

– Estou certo disso, senhor Exu chefe. Seguir novamente aqueles caminhos não é o que quero para meu espírito. Estou certo de querer seguir a Lei, mesmo que demore.

O Exu chefe continuava de forma séria. Ainda dava a impressão de saber o que iria fazer.

– Espere aqui. Assim que a curandeira responsável pelos atendimentos deste templo iniciar a corrente, eu o chamarei – e foi para o centro do templo junto ao Guardião do Cemitério.

Algum tempo depois, mais precisamente quando iniciaram os trabalhos, o Exu chefe voltou para a tronqueira.

– Venha comigo.

Ficamos perto da corrente de atendimento. Enquanto um Guia de Luz, por intermédio da curandeira, atendia aos que estavam na carne, o Exu chefe chamava minha atenção para uma pessoa que aguardava para ser atendida.

– Vê aquele homem inquieto? – o Exu chefe responsável por aquele templo me perguntou.

– Sim. Estão demandando contra ele, não?

– Extremamente! – confirmou o Exu chefe. – Hoje, teremos de ajudá-lo. Ou melhor... Você irá ajudá-lo! Acha que consegue fazer isso?

– Creio que sim, senhor Exu.

– Ótimo! Já temos outorga da Lei.

Fiquei observando aquele homem. Ele realmente carregava energias muito intensas. Estava atormentado, como se sofresse cobranças há anos. Seu sofrimento era nítido até aos olhos dos que estavam na carne, pois ele estava inquieto.

Eu não sabia por que aquele homem carregava tal demanda, mas estava prestes a descobrir e, também, lutar contra algo que sempre carreguei em minha essência.

Se o que estava para acontecer foi planejado pelos Guardiões ou a própria Lei, sinceramente não sei. Mas de uma coisa tenho certeza: aquela situação foi um aprendizado para mim. Naquele dia, aprendi que quem julga são a Lei e a Justiça do nosso Criador Maior. Eu não tinha nem tenho o direito de interferir, tentando tirar minhas conclusões sobre quem merece ajuda ou não, apenas pelo fato de a situação despertar algo em mim.

Assim que aquele homem foi chamado, o Guia espiritual começou a conversar com ele por intermédio da senhora responsável por aquele templo.

O homem estava muito atordoado e falava aos gritos, implorando por ajuda. Por intermédio daquela senhora, o Guia tentava desfazer o que irradiava contra aquele homem, até que o Exu chefe se dirigiu a mim:

– Agora é sua hora de ajudar. Sabe o que fazer?

Eu assenti com a cabeça. Sabia exatamente o que fazer. Para limpá-lo, teria de puxar toda a energia negativa que estava em seu espírito.

– Acha que consegue? – perguntou o Exu chefe.

– Creio que sim.

– Ótimo! Estarei atento. Mas, antes que comece, preciso dizer algo: esse homem tomado por energias é um dos últimos senhores donos de engenho desta região. Mesmo depois da escravidão, manteve seu engenho, e às escondidas torturava os escravos. Muitos dos que sofreram em suas mãos demandaram contra ele depois que desencarnaram. Por isso ele está assim – disse o Exu chefe e concluiu: – Você não tem obrigação de ajudá-lo. A escolha é sua! – e se afastou.

Fiquei sem saber o que fazer. Enquanto sabia da necessidade de ajudar, o que sentia pelos senhores de engenho e feitores pairava em meu espírito, a ponto de pensar em sair e deixar aquela energia consumi-lo ainda mais.

O Guia ainda tentava ajudar aquele homem, mas também olhava para mim, esperando meu auxílio. Sim, em alguns casos, em virtude do nível de vibração, é necessário que um Exu ajude. Não que outro Guia não possa, mas, em decorrência da densidade da energia, teria de baixar muito seu nível de vibração, acabando por esgotá-lo mais rápido, de maneira que outro Guia tome a frente do trabalho até que se restabeleça. E, como eu já estava acostumado com aquelas energias e o Guia já estava ajudando, nada mais justo do que eu fazer algo.

O Exu chefe da casa olhava para mim. O Guardião do Cemitério também. Estavam atentos.

Naquele momento, pensei: "Ele é mais um dos que maltratavam os negros". Eu quis desistir, mas refleti: "Não posso interferir na Lei. Se esse homem está tomado por energias, e a Lei outorgou que o ajudássemos, é porque já pagou. Além disso, não cabe a mim julgá-lo pelo que fez".

Certo do que fazer, coloquei-me atrás daquele homem. Mal me concentrei e já fui preenchido pela força que tomava seu espírito, fazendo-me ser lançado ao chão junto a ele. Percebi dezenas de espíritos demandarem contra ele, possivelmente ex-escravos que negativaram seus espíritos até virarem Trevosos.

Nós ainda estávamos jogados ao chão, a energia ainda era forte e parecia querer lutar contra mim para que aquele homem não fosse ajudado.

O Guia que estava ao lado da senhora responsável pelo templo direcionava suas mãos irradiando forças para aquele homem, mas ainda aguardava minha ação.

Alguns minutos depois, eu parecia não ter forças, mas minha vontade em ajudar era tão grande que não medi as consequências quanto ao que poderia acontecer ao meu espírito. Então, consegui ficar de joelhos atrás dele, ele ainda estava jogado ao solo.

Naquele momento, direcionei minhas mãos e, da mesma forma que fazia para sugar energias negativas dos encarnados tomados por negatividades, comecei a "sugar" aquela que arrebatava seu espírito.

Algum tempo depois, eu ainda retirava a irradiação negativa daquele homem, mas, por causa do esgotamento em meu espírito, não sabia se conseguiria continuar.

No entanto, o Exu chefe estava realmente atento e, vendo que eu não suportaria tal energia por muito mais tempo, se dirigiu ao Guardião do Cemitério:

– Interrompa, Guardião. Ele não vai aguentar!

O Guardião do Cemitério pegou uma de suas espadas e cravou entre meu espírito e aquele homem, cortando assim toda a irradiação que vinha diretamente a mim, fazendo com que eu fosse mais uma vez de encontro ao solo, ficando desacordado.

Não sei por quanto tempo fiquei desacordado, mas assim que recobrei meus sentidos, vi que todas as pessoas haviam ido embora.

Ao meu lado estava o Exu chefe daquele templo.

– Está bem, companheiro? – ele perguntou.

– Creio que sim, senhor Exu.

– Levante-se.

O Exu chefe me olhava de forma séria. Cheguei a achar que tinha feito algo errado, mas não.

– Não posso deixar de dizer – era o Exu chefe quem falava a mim. – Fez um ótimo trabalho!

– Aquele homem está bem? – perguntei ao Exu.

– Veja você mesmo.

Vi que ele estava conversando serenamente com a curandeira, que já não estava com o Guia ao seu lado, mas, mesmo assim, passava as orientações deixadas pela espiritualidade.

– Posso afirmar que ele não está totalmente livre daquelas energias, mas, se fizer conforme a curandeira está orientando, acredito que logo ficará melhor – disse o Exu chefe.

Eu assenti com a cabeça concordando com o que ouvira.

O Guardião do Cemitério veio em minha direção e ficou olhando com ar sério.

– Algum problema, Guardião? Fiz algo errado?

– Talvez eu tivesse errado se não o tivesse tirado daquela sepultura. Ótimo trabalho, meu amigo!

Essas foram outras de várias palavras que fortaleciam meu espírito.

E assim auxiliei por um bom tempo. Ao lado de aliados e aliadas do Guardião do Cemitério, ajudava a desfazer demandas, íamos a encruzas, cemitérios, templos. Em alguns, eu era obrigado a puxar toda a carga negativa presente em várias pessoas ou, até mesmo, em uma única família. Isso mesmo, às vezes, eu era forçado... Alguns Exus não tinham paciência para ficar esperando minha decisão. Mas, com o passar do tempo, eu sabia exatamente o que fazer, não era mais forçado, sabia até que ponto podia ajudar sem que essa ajuda afetasse meu espírito e, algumas ajudas, inconscientemente, vinham em formas de conselhos, tal como os sábios negros escravos faziam e fazem hoje em dia.

Sim. Os conhecimentos obtidos por mim na época em que vivi como escravo também estavam em meu espírito, mas, além deles, havia outros conhecimentos ocultos, desde que eu ainda era jovem na carne. Tudo estava ligado com aquele fato ocorrido por volta dos meus 15 anos. Mas, mesmo depois de tudo o que aconteceu desde meu resgate, ainda assim sentia não ser digno de tais conhecimentos.

Todavia, mesmo sentindo não ser merecedor de deter tantos conhecimentos, alguém em meu passado sabia que eu estava errado quanto a esses pensamentos e provaria isso a mim... O plano que Barnabé teve foi perfeito.

Conhecendo a Linha dos Sábios que Foram Escravos

Eu havia acabado de chegar de algumas missões com uma das aliadas do Guardião do Cemitério, quando ele veio ao meu encontro...

– Como está, meu amigo? – o Guardião do Cemitério me perguntou.

– Estaria bem melhor, se não fosse por esses miseráveis Trevosos, Guardião!

– É a vida que decidiram levar. Quanto a nós, devemos seguir como manda a Lei.

Eu assenti com a cabeça concordando.

– Na próxima noite, teremos uma missão em um templo.

– De acordo, Guardião.

Na noite seguinte da Terra, segui com o Guardião do Cemitério para um templo ainda desconhecido por mim. Eu não fazia ideia do que iria acontecer, mas tinha certeza de que seria primeiro apresentado ao Exu Chefe do templo, assim como fora em todos os outros.

Ainda era noite quando chegamos ao templo. Na porteira, havia dois seres enormes envoltos por capas pretas e segurando foices. Eram os Guardiões daquele templo.

– Salve, Guardião do Cemitério! – era um dos Guardiões do Templo quem o saudava.

– Boa noite, companheiros.

– Quem é o desconhecido, Guardião? – perguntou o outro.

– Foi resgatado. Por enquanto está entre nós, até que a Lei decida seus caminhos.

Os dois Guardiões ficaram olhando de forma séria para mim, pois eu ainda não era regido por nenhuma das Forças Divinas. Logo, eles acharam que eu ainda era um ser que deixou de ser Trevoso há pouco.

Um dos Guardiões fez com que saíssem chamas de sua foice e se dirigiu a mim:

– Preciso dizer alguma coisa, iniciante? – perguntou em tom sério.

– Não, Guardião. Sei que devo respeitar as regras do templo – afirmei.

Ele assentiu com a cabeça. Seu olhar era sério.

Adentramos o templo. Era em um pequeno cômodo, mas a força que havia ali era enorme. Principalmente no altar onde ficavam as imagens.

Ainda não havia ninguém, além de uma senhora e sua filha que pareciam preparar o templo para iniciar a corrente e atender aos que chegariam em busca da paz de espírito.

Eu estava deslumbrado com o que via e com a força que ali imperava. Parecia ter voltado ao meu passado de escravo em vida, pois sentia que a força que tomava meu espírito era igual àquela presente no galpão onde fazíamos nossos cultos.

Naquele instante, um sentimento muito forte tomou conta de meu espírito. Não acreditando no que via ou sentia, e me lembrando dos conselhos de Joaquim, me ajoelhei em frente ao altar com um sentimento de que tudo o que aconteceu no passado no engenho fora recompensado de alguma forma. Sim... A chama do Culto aos Orixás manteve-se acesa.

Ainda de joelhos, olhei para as imagens e comecei a clamar:

– Perdoe-me, Senhor! – fazia referência ao nosso Criador Maior. – Perdoem-me, senhores! – fazia referência aos sábios negros que foram escravos. – Agora sei por que tantos falavam que deveríamos manter acesa a chama do Culto aos Orixás. Vocês foram e ainda são grandes sábios.

Eu clamava próximo ao altar, e todo o meu ódio parecia vir em forma de arrependimentos. Tive muitas lembranças do engenho, dos escravos e dos cultos que fazíamos aos Orixás. E essas lembranças só fizeram eu ter a certeza de que realmente agi de maneira errada.

Algum tempo depois, eu ainda pensava nos erros que havia cometido, quando ouvi alguém se dirigir seriamente a mim.

– Não seja tolo! Não vê que vai afundar seu espírito se continuar com esses pensamentos?

Virei-me para ver quem falava comigo. Seu olhar era sério, usava uma túnica com símbolos ligados ao Senhor das Almas; o capuz da túnica cobria metade de sua face; em uma de suas mãos, segurava um cajado com pequenas cruzes penduradas. O Guardião do Cemitério estava ao seu lado. "É o Exu chefe", pensei.

Levantei-me rapidamente e fiquei à sua frente.

– Peço desculpas, senhor Exu chefe. Mas é difícil ver este altar, sentir sua força e não me lembrar dos erros que cometi.

– Vai adiantar ficar se lembrando? Acha que isso lhe trará algum benefício? – perguntou de forma séria e prosseguiu: – Não! Não trará! Apenas fará com que volte a afundar seu espírito. Eu, em seu lugar, escolheria continuar minha caminhada ao lado dos Guardiões, adquirindo mais conhecimentos. Se bem que não duvido de que carrega vasto conhecimento oculto dentro de si.

– Se eu não tivesse trilhado os caminhos errados, também teria essa certeza, senhor Exu chefe. Mas depois de tudo o que aconteceu...

– Acha não ser merecedor de ter vasto conhecimento. Era isso o que iria dizer?

Apenas assenti com a cabeça, concordando com o que ele disse, afinal, não esperava que um Ser como eu, depois de tudo o que fiz, fosse digno de carregar tantos conhecimentos; por mais que, algumas vezes, conselhos viessem de modo espontâneo para ajudar os que estavam na carne.

Mesmo assim, aquele sábio não iria desistir de fazer com que eu visse a verdade que havia em meu espírito.

– Está pensando de forma errada. E vou provar isso... Hoje, a responsável por este templo terá a ajuda de um Ser que viveu por anos como escravo quando esteve na carne. Por intermédio dela, esse Ser irá orientar os que aqui virão em busca da paz de espírito. Após ver tudo o que irá acontecer, você mesmo dirá se está errado ou não – ele foi firme em suas palavras.

Aquele Ser à minha frente sabia o que estava fazendo. Por mais que soubesse que eu estava trilhando meus caminhos junto à luz, meu passado sombrio ainda fazia parte do meu presente. E, para que meu passado não fizesse parte de meu futuro, ele achou que seria certo eu sentir em meu espírito a forma como os antigos negros escravos trabalhavam na Lei. Talvez, assim, aquela incógnita não mais faria parte de minha vida e minha evolução aconteceria de maneira mais rápida.

Para mim seria difícil aceitar, mas para aquele que estava à minha frente, não. Ele tinha conhecimento de quase toda a vida que tive na carne. Além disso, fora orientado por Barnabé da atitude insana que tomei quando pensava em esgotar meu espírito. Por isso, achou melhor tomar aquela decisão.

Ficamos no templo até que começaram a chegar pessoas em busca da paz de espírito. Todos esperavam sentados em pequenos bancos.

Algum tempo depois, tudo estava pronto para iniciar. A responsável pelos atendimentos estava sentada em um banco de madeira próximo ao altar, sua filha estava ao seu lado, ambas faziam preces. A responsável pelos atendimentos estava à espera do Guia que iria usar sua matéria para iniciar as consultas.

Não tardou para eu perceber que ela estava sem irradiação alguma. Nem um Guia se apresentava.

– O que ela tem, senhor Exu chefe? – perguntei preocupado.

– Ela está esperando orientações daquele que viveu como escravo e carrega vasto conhecimento para atender a essas pessoas – afirmou ele.

Mais um tempo se passou e nada de irradiação na responsável por aquele templo.

– Senhor Exu, ela ainda está em prece. Por que o Guia ainda não se apresentou?

– Enquanto você não tomar a iniciativa, o Guia que ela espera não irá se apresentar e ela continuará em prece.

– Como assim, senhor Exu? – perguntei meio pasmo, já ciente do que ele quis dizer.

— Foi isso mesmo o que entendeu. Quando disse que ela seria ajudada por um Ser que viveu como escravo, estava me referindo a você.

— Eu? Como assim? Não tenho essa capacidade! Não sou sábio como muitos dos negros que foram escravos. Não carrego isso em minha essência.

— Por acaso já tentou? — perguntou ele, de forma séria.

— Não!

— Se não tentar, isso ainda será uma incógnita para você, por muito tempo... A escolha é sua! Se não fizer nada, talvez essas pessoas vão embora sem serem consultadas. Pior que isso, é possível que percam sua fé, achando que essa senhora está sendo omissa quanto ao que lhe fora concedido como missão ou, talvez, pensem que ela as está enganando, como alguns fazem!

Fiquei em silêncio. Ainda sentia não ser digno.

Mas o sábio à minha frente sabia do que eu era capaz.

— Já ouviu dizer que temos de ocultar nosso passado, quando este nos deixa em desequilíbrio? — perguntou ele.

— Sim, senhor Exu. Estou tentando fazer isso.

— Ótimo! Agora me responda: quando vivia como um escravo, os ensinamentos, os Cultos aos Orixás, todo o aprendizado o deixavam em desequilíbrio?

— Não, senhor Exu.

— Acho que não preciso dizer mais nada, não é mesmo? — e se afastou de mim, indo para junto do Guardião do Cemitério.

Fiquei sozinho próximo à mulher responsável pelos atendimentos. Ela e sua filha ainda faziam preces, enquanto as pessoas esperavam para ser atendidas.

Eu tinha entendido o que aquele Ser havia dito. Tudo o que aprendi no engenho e fazia bem ao meu espírito deveria sempre estar comigo, mesmo que fosse após a morte. Sim, muitos deles me ensinaram isso... O que você aprende em vida, muitas vezes, carrega também em seu espírito.

Mas, mesmo assim, pensei: "Não posso ser digno de tais conhecimentos. Não fui humilde o suficiente como os negros que atingiram o

Grau dos Velhos Sábios. Por outro lado, se eu não fizer nada, deixarei apagar a chama do Culto aos Orixás. Essas pessoas podem perder sua fé".

Tomei a decisão. Precisava de alguma forma orientar aquela senhora. Então, fiquei ao seu lado, ajoelhei-me para ficar à sua altura. Tentava de algum modo orientá-la, porém, a incerteza de não ser merecedor daqueles conhecimentos ainda pairava em meu espírito e, percebendo isso, o Ser ao qual eu chamava de Exu chefe se dirigiu a mim:

– Filho... Lembra-se dos Cultos, dos ensinamentos, de todo o aprendizado que teve junto a Joaquim, Barnabé e outros negros do engenho?

– Sim, senhor Exu.

– Então, busque aqueles momentos e deixe que nosso Criador e suas Forças Divinas se encarreguem do restante.

Fiz como ele pediu. Aos poucos, lembranças do engenho começaram a vir ao meu mental. Desejos, vontades, ensinamentos... Lembrei-me até da forma como Joaquim colocava algumas cruzes perto das imagens, forma essa que, hoje, muitos dos que evoluíram para trabalhar na Linha dos Velhos Sábios usam em seus pontos riscados. Enfim, tudo o que fazia bem ao meu espírito no passado parecia fazer parte do meu presente. Então, decidi continuar e, em determinado momento, lembrei-me do sábio Joaquim ensinando todos no galpão. Naquela lembrança, Joaquim pitava um cachimbo e, no mesmo instante, comecei a sentir a necessidade de ter um cachimbo em minhas mãos, era como se eu precisasse daquela essência. Além disso, senti ser detentor de vasto conhecimento, não sabia de onde vinha, mas depois descobri. Isso também estava ligado ao fato de quando fiquei desacordado por quase dois dias.

Algum tempo depois, eu ainda sentia o desejo de ter um cachimbo em minhas mãos, as cruzes que Joaquim colocava perto das imagens ainda estavam em meu mental. E foi naquele momento que vi a responsável pelo templo saudar o solo à sua frente, riscar um ponto e se dirigir a sua filha:

– Salve, minha filha! Preto precisa de cachimbo e vela. Ajuda Preto?

– Sim, meu Pai! – respondeu a filha.

Achei aquilo estranho. Aquela senhora parecia sentir a mesma vontade que a minha. O ponto que riscou era igual à forma como Joaquim colocava as cruzes perto da imagens.

Sim, tudo o que eu sentia, de algum modo, ela também sentia. Mas só tive essa confirmação quando aquele a quem eu chamava de Exu chefe se dirigiu a mim:

– Viu como não foi difícil? Ela já está conectada a você – e sorriu.

Mesmo ele estando com sua face oculta, pude ver aquele lindo sorriso, que parecia estar há décadas em meu mental.

– E o que eu faço agora, senhor Exu?

– Bem, agora, ela vai chamar cada uma dessas pessoas para conversar e espera contar com sua ajuda para orientá-las. Apenas escute. Muitas dessas pessoas só querem desabafar. Porém, outras, podem estar carregadas de energias. Se for o caso, você mesmo poderá ajudá-las com o conhecimento que já tem, sem deixar de cuidar dessa mulher que usa como matéria. Passe seus conhecimentos a ela. A fé que essa senhora tem é suficiente para receber a informação em seu metal.

Assenti com a cabeça, concordando com o que ouvira.

Algum tempo depois, a filha daquela senhora entregou um cachimbo e uma vela a ela, e chamou uma das pessoas que aguardavam atendimento.

A primeira a passar pela consulta foi uma mulher, que chorava muito por achar que seus problemas não tinham mais solução. Seu desespero era tanto que chegou a afirmar querer tirar a própria vida.

– Essa é a verdade, senhor. E confesso... Cheguei a pensar em tirar minha vida – ela falava, aos prantos, com a senhora que cedia sua matéria a mim.

Eu estava atento. Conforme ouvia, buscava em meu passado as palavras dos sábios escravos e transmitia ao mental da senhora ao meu lado.

– Diga a ela que buscar a morte não fará com que seus problemas sejam resolvidos. Pelo contrário... Poderá ser o início de mais problemas – deixei essa informação no mental daquela senhora.

– Não adianta pensar dessa forma, filha! – era a senhora a qual eu usava como matéria quem falava com a mulher que estava em desespero. – Preto pergunta... Filha acha mesmo que a morte será a solução para todos os seus problemas?

– Talvez seja, meu pai – respondeu ela, ainda em prantos.

– Talvez seja o início de mais problemas, não?

Ela nada respondeu, mas ainda chorava.

Eu continuei orientando a senhora responsável pelo templo.

– Diga que, enquanto ela continuar a vibrar esses pensamentos, essa será sua verdade, pois é ela mesma quem está escolhendo... Dificuldades todos temos, isso é um fato. Porém, fato também é que desespero e desequilíbrio não serão a solução – passei essas palavras por meio do mental da senhora.

– Filha... Acha que o que sente deve fazer parte de sua vida? – perguntou a responsável pelo templo para a mulher em desespero.

– Creio que não – respondeu cabisbaixa.

– Mas continuará fazendo, enquanto continuar vibrando isso para si. Preto sabe que é não é fácil o que acontece em sua vida, mas desespero e desequilíbrio não serão a solução.

Pouco tempo depois, a mulher segurou as mãos da senhora que ouvia seus desabafos e começou a chorar ainda mais. Parecia arrependida de seus pensamentos negativos.

Certo do que deveria fazer, coloquei minhas mãos entre as delas e comecei a irradiar tal como vi outros fazendo em outros templos.

A mulher continuava a chorar, mas eu já sabia o que fazer... Deixei no mental daquela que concedia sua matéria que continuasse a segurar suas mãos e me coloquei atrás dela.

Eu podia sentir a energia que vinha, mas já sabia como ajudar. Direcionei uma de minhas mãos e puxei toda aquela carga negativa.

Algum tempo depois, percebi que ela estava mais calma, mas eu não estava bem. Iria demorar um pouco para recuperar minha vitalidade.

Percebendo que eu não estava bem, o Ser a quem eu chamava de Exu chefe tomou o controle mental daquela senhora e continuou a orientar a mulher que, naquele momento, não estava mais em desespero.

E, assim, todas aquelas pessoas foram atendidas. Buscando conhecimento dos Velhos Sábios que foram escravos, consegui dizer a cada uma aquilo de que precisavam.

Ao findar dos atendimentos, a senhora responsável pelo templo e sua filha organizavam o local. Ao mesmo tempo, aquele que eu chamava de Exu chefe falava comigo:

– Estou orgulhoso! Mesmo depois de tudo o que aconteceu, conseguiu resgatar uma das verdades existentes em sua essência. Às vezes, a única forma de descobrirmos o que o futuro nos reserva é continuando com nossa fé, por mais que estejamos em sofrimento.

Aquelas palavras pareciam estar em meu mental há décadas. Sim, lembrei-me de que Joaquim havia dito a mesma frase, quando eu ainda era um jovem.

– Obrigado pelas palavras, senhor Exu chefe! Pena não as ter seguido quando um Velho Sábio disse a mim, quando ainda vivíamos em um engenho.

– Joaquim disse essas palavras?

– Sim! O senhor conhece Joaquim? – perguntei surpreso.

Ele deu um leve sorriso...

– Você cometeu um erro, filho. Mas esse, creio, não foi tão grave – e novamente sorriu.

– Por que, senhor Exu? – perguntei sem entender.

– Porque até agora só me chamou de Exu chefe... Lembra-se de quando lhe disse que os Seres que trabalham na Luz também têm o dom de plasmar formas? – e plasmou em seu espírito a aparência que tinha, quando vivemos no engenho.

– Joaquim! É o senhor? – eu parecia não acreditar no que via.

– Sim, meu filho! Sou eu em espírito – e sorriu.

– Mas eu não falava com o Exu chefe deste templo?

– Você me nomeou assim. Eu não disse em nenhum momento ser o Exu chefe deste templo – e sorriu. – Não fique espantado, filho. Barnabé veio ao meu encontro assim que o resgatou junto ao Guardião do Cemitério. Ele me contou a loucura que estava querendo cometer. Por isso, decidimos fazer isso. Achamos que seria a única forma de mostrar partes das verdades que existem em seu espírito. E agora, filho? Acredita nessa verdade?

Cabisbaixo, assenti, concordando com o que ouvira.

Mas Joaquim percebeu que eu ainda sentia não ser merecedor de tais conhecimentos.

— Ainda acha não ser merecedor, não?

— Não quero errar em minhas palavras, senhor. Prefiro ficar em silêncio.

— Ainda é uma incógnita para você o que aconteceu no engenho quando era um jovem?

Apenas assenti com a cabeça, dizendo que sim.

Joaquim já sabia o que fazer. Tudo fora muito bem planejado por ele e Barnabé.

— Filho, não posso obrigá-lo, mas se quiser, posso tentar fazer com que veja a verdade que existe em seu espírito. Aceita?

Eu não sabia o que dizer, mas Joaquim não iria desistir.

— Guardião, tenho sua permissão para levar Akin para que veja sua verdade?

— Claro, senhor! — respondeu o Guardião do Cemitério. — Se não for assim, talvez nunca evolua.

— Também penso assim, Guardião.

Joaquim abriu um portal próximo ao altar.

— Venha, filho. Se seu astral permitir, verá o que aconteceu quando ficou desacordado por quase dois dias.

Confesso que fiquei inseguro. Não sabia para onde iríamos, nem o que estava para acontecer. Mas com Joaquim ao meu lado, a insegurança não tomava tanto meu espírito.

Joaquim e Barnabé estavam certos de que deveriam tentar fazer com que eu visse a minha verdade. Caso contrário, confesso... Se não fizessem isso, talvez eu não estivesse narrando a vida que tive. Ademais, a nova crença religiosa estava no seu início. Eles sabiam que precisariam de ajuda, tanto na direita como na esquerda.

Sim. Eu estava prestes a ver o que havia acontecido quando ainda era um jovem, e a verdade que eu mesmo aceitei em espírito.

De Volta ao Passado. O Jovem Designado

Assim que passamos pelo portal, seguimos por uma estrada luminosa por um bom tempo até encontrarmos outro portal; nós o atravessamos.

Fizemos uma pequena caminhada em um lugar que se assemelhava a um pátio. À minha volta, notei espíritos que aparentavam estar recuperando suas vitalidades. Pareciam estar sob os cuidados de alguém.

Adentramos o que parecia ser uma imensa casa, muitos espíritos estavam deitados em leitos, enquanto outros Seres de Luz cuidavam deles.

– Que lugar é esse, Senhor? – perguntei, meio abismado, a Joaquim.

– Neste local estão espíritos necessitados de cuidados. Você ficará aqui por algum tempo. Seu espírito precisa disso para podermos seguir.

Assenti com a cabeça, concordando com suas palavras.

Algum tempo depois, dois Seres de Luz vieram ao nosso encontro. Eles trajavam vestes brancas.

– Olá, senhor! É ele quem ficará sob nossos cuidados? – perguntou um deles a Joaquim.

– Podem fazer isso, filhos?

– Claro, senhor!

Ali fiquei não sei por quanto tempo, mas confesso que fez bem a mim. Se ainda havia qualquer negatividade em meu espírito, de alguma forma eles retiraram. Mas eu não sabia como o fizeram, pois fiquei adormecido por um longo período.

Assim que tomou ciência de que eu estava bem, Joaquim veio ao meu encontro.

Seguimos pelo Plano Espiritual. Em cada parte pela qual passávamos, avistava diversos Seres de Luz. Muitos deles, inclusive, conheciam Joaquim.

Após uma longa viagem, chegamos ao local onde tudo seria revelado. Era em meio a uma egrégora espiritual onde havia muitos Seres.

Eu estava abismado. Aquele lugar era lindo... E ainda é. Por todos os lados, havia Seres de Luz que pareciam carregar vasto conhecimento, enfim... Jamais imaginaria o Plano Espiritual daquela forma.

Adentramos um pequeno quarto, muito bem iluminado e com uma energia desconhecida por mim.

– O que vamos fazer aqui, senhor? Por que estamos neste quarto?

– É o que chamamos de quarto da prece. Existem muitos iguais a este pelo Plano Espiritual. Aqui, é onde a verdade de muitos é revelada. Barnabé teve sua verdade revelada em um destes, inclusive.

Eu ainda olhava tudo à minha volta, quando Joaquim se dirigiu a mim:

– Este é seu momento, filho. Vou deixá-lo sozinho – e saiu.

Eu não sabia o que fazer. Estava completamente perdido. Até cheguei a pensar: "Será que realmente sou merecedor de estar aqui?" Então, refleti: "Joaquim, Barnabé e todos os Guardiões não teriam perdido seu tempo, caso eu não merecesse. Não posso deixar que tudo isso seja em vão".

Ajoelhei-me no pequeno quarto e, ainda arrependido, elevei meus pensamentos ao nosso grande Criador Maior. Meio sem jeito, fiz minha prece...

"Bem, não sei ao certo o que dizer, Senhor, mas gostaria de pedir perdão por meus erros, por não ter escutado os Velhos Sábios e por trilhar meus caminhos até a escuridão. Ao Senhor, peço... Caso eu seja digno de carregar em minha essência todo o conhecimento que os sábios negros que fazem a caridade carregam, por favor, mostre-me!"

A partir daquele momento, eu passaria a agir da forma como sentia em meu espírito. Ficaria em prece, até que realmente tivesse a certeza de ser ou não digno de tais conhecimentos.

– E a verdade foi revelada naquele dia? – perguntei ao Guia.

– Como disse o sábio Barnabé: *"Quem foi que disse que nosso Criador escuta apenas preces com palavras deslumbrantes?"* O que foi visto naquele momento foi minha fé! Minha vontade em continuar a ajudar. Acredito que, por esse motivo, tudo foi revelado.

Eu ainda estava em prece, quando senti um peso imenso em meu espírito, não conseguindo mais me manter naquela posição. Então, resolvi me deitar em um local, coberto por um manto branco, e continuei com minha prece.

Em silêncio, eu chorava. Em meu mental, podia ver claramente a vida que tive quando escravo.

Não. Não me lembrei dos sofrimentos. Pelo contrário. Recordei tudo de bom que fazia ao lado dos Velhos Sábios... Aquelas lembranças faziam bem ao meu espírito.

Algum tempo depois, senti que não conseguiria manter meus olhos abertos, por mais que quisesse. E, por isso, não poderia acontecer outra coisa... Acabei adormecendo com aquelas lembranças em meu mental.

Eu não soube se foram horas ou dias o tempo em que fiquei adormecido, mas comecei a despertar ao ouvir alguém se dirigir a mim:

– Hora de acordar, meu filho! – ele balançava meu corpo.

Mas eu me sentia muito cansado. Não conseguia abrir meus olhos.

– Acorde, filho! – pediu alguém, em um tom mais alto.

"Deve ser o Joaquim", pensei.

Além do cansaço, eu sentia frio também. Tentava abrir meus olhos, mas não conseguia. Porém, fui forçado a despertar, quando senti um tapa em minha face.

– Acorde, Akin!

Despertei rapidamente e vi meu pai à minha frente.

– Por Deus, Akin! Você não pode dormir tanto assim! Logo, o feitor estará aqui. Quer ser castigado ainda jovem, meu filho? – meu pai parecia estar um tanto preocupado comigo.

Olhei à minha volta. Tudo era muito estranho. Olhei para meu corpo. Não era espiritual. Eu estava na carne.

Fiquei confuso. Ao mesmo tempo que sabia estar no Plano Espiritual, estava em um galpão com vários escravos. Estava de volta ao engenho, bem na época em que tinha meus 15 anos.

– O que está acontecendo? Por que estou aqui, meu pai? – perguntei sem entender nada.

Mas meu pai parecia não me ouvir.

– Vamos! Levante, meu filho! Hoje é o dia em que os homens vêm com as carroças buscar o que será exportado. Você precisa ajudar sua mãe a separar tudo e carregar as carroças. Não deixe de ajudar sua mãe, Akin!

– Onde está o senhor Joaquim, meu pai?

Ele não respondeu. Ainda parecia não me ouvir.

– Pai! Estou falando com o senhor!

Ele trocou suas vestes e saiu para mais um dia de labuta, sem ao menos responder às minhas perguntas.

Os outros escravos fizeram o mesmo. Até tentei falar com alguns deles, mas era inútil. Ninguém dava atenção às minhas palavras.

Fiquei atordoado, até que caí na realidade.

– Só pode ser isso. Eu estava em prece, pedi ao nosso Criador que mostrasse minha verdade, e aqui estou... Não sou eu aos 15 anos fazendo essas perguntas ao meu pai. Estou fazendo as mesmas perguntas a mim mesmo.

Sim, naquele momento, já estava ciente de estar no Plano Espiritual, porém, por obra do divino, estava vendo e sentindo tudo o que aconteceu no engenho. Logo, não me restava alternativa, a não ser seguir meu dia para ver o que aconteceu quando fiquei desacordado.

Tudo o que estava para acontecer seria igual ao episódio dos meus 15 anos. Afinal, eu estava revivendo aqueles momentos que estavam ocultos em meu mental.

Troquei minhas vestes e fui ao encontro de minha mãe. Ela já separava o que seria exportado. Meu pai estava bem distante de nós, em outra parte do engenho.

Comecei a ajudar minha mãe. Perto de nós havia outros trabalhadores escravos e eu observava todos eles, pois naquele momento sentia algo estranho. Era como se alguém quisesse falar comigo, mas não via quem era.

Passado um tempo, notei alguns escravos vindo em minha direção. Alguns tinham marcas de açoite por seus corpos.

Um deles apressou seus passos e se aproximou de mim...

– Por favor! Não se assuste, garoto! Sabemos que você tem um dom. Por favor! Precisamos de sua ajuda! – ele parecia estar desesperado. Os outros também.

– E por que eu haveria de me assustar? De que dom está falando? Onde já se viu alguém que ainda não é adulto ter dom? – indaguei a ele, meio desconfiado, e prossegui: – Pode dizer. De que precisa?

Minha mãe já olhava para mim de forma estranha.

– Acalme-se! – era um dos escravos quem falava. Ele tinha um corte em sua face, além de marcas de açoite pelo corpo também. – Já estamos cientes do estado em que estamos, mas não encontramos caminho para seguir. E, como vimos que você poderia nos ver e nos ouvir, decidimos vir pedir sua ajuda. Solicite aos que iniciam o Culto aos Orixás pedirem por nossos espíritos, por favor! – implorou ele, ainda em desespero.

Naquele momento, eu, ainda jovem aos 15 anos, fiquei com meus olhos arregalados.

– Como assim pedir por seus espíritos? – perguntei já assustado. Eu não queria acreditar no que ele havia dito.

– O que você tem, meu filho? Por que está falando sozinho? – perguntou minha mãe.

– Falando sozinho? A senhora não está vendo eles, minha mãe? – perguntei temeroso.

– Eles quem, Akin?

Aquilo foi o suficiente para que eu tivesse a certeza de que havia espíritos à minha frente.

– Meu Deus! Pai Maior! Me ajude! – gritei com medo e saí correndo.

Meu medo foi tanto que perdi meus sentidos e caí metros à frente.

Não tardou para ouvir o choro dos meus pais e, ao abrir meus olhos, ainda que pouco, notei algumas pessoas à minha volta. Meu pai segurava meu corpo.

Tentei sair de seus braços, mas não conseguia mexer meu corpo. Foi aí que o Plano Espiritual decidiu agir.

Pelo que pude entender, o que estava para acontecer iria acontecer, mesmo que não fosse naquele dia. Porém, os Seres de Luz aproveitaram aquela situação para fazer o que já estava previsto.

Eu ainda estava meio confuso, quando, ainda sendo segurado por meu pai, vi dois Seres de Luz caminhando em minha direção. Então, juntei uma coisa com outra... "Acabei de ver dezenas de espíritos à minha frente, em seguida perdi meus sentidos, e agora, ao recobrá-los, vejo dois Seres envoltos por luz caminhando em minha direção e olhando para mim", pensei... Eu não podia ter outra certeza, a não ser a de estar morto.

– Não pode ser! Vocês estão usando vestes brancas e têm luzes em seus corpos... Por Deus! Digam que não estou morto!

– Acalme-se, Akin – pediu um deles. Em seguida, direcionou uma de suas mãos e tirou meu espírito de dentro de meu corpo. – Viemos porque precisamos falar com você!

Olhei para trás e vi nos braços de meu pai o corpo que mantinha meu espírito.

– Não façam isso! Devolvam meu espírito, por favor! Não quero morrer agora. Ainda nem sou adulto. Tenho apenas 15 anos. Por favor! Não façam isso! – implorei.

Vendo meu desespero, o outro Ser de Luz direcionou uma de suas mãos um pouco acima dos meus olhos e fez com que eu perdesse meus sentidos.

Quando despertei, vi que estava em um lugar totalmente diferente do engenho. Estava sentado em um banco e, à minha frente, havia fontes de águas cristalinas; os dois Seres de Luz que foram ao engenho também estavam lá.

– Que lugar é esse? Por que estou aqui? – eu estava desesperado.

– Acalme-se, Akin! Precisávamos falar com você. Mas como estava muito exaltado, tivemos de adormecer seu espírito e trazê-lo para cá.

– Mas por quê? Por que morri tão cedo? Vocês sabem a idade que tenho? Não sou adulto. Devolvam meu espírito, por favor! – estava em prantos.

– Acalme-se, Akin! Você está em uma das partes do Plano Espiritual. Você não morreu! Só recolhemos seu espírito para orientá-lo quanto ao que está para acontecer. Se mantiver a calma, logo estará de volta, porém, se ficar exaltado, demorará a voltar. Se isso acontecer, é possível que os outros sepultem sua carne com a certeza de que realmente está morto... Vai ficar calmo, Akin? – ele disse essas palavras, a fim de fazer com que eu não tivesse opção, contudo, ele sabia que não sepultariam meu corpo.

Eu não tive escolha.

– Sim! Vou ficar calmo. Por favor! Digam. Por que estou aqui? Por que um Ser ainda novo tem de estar no Plano Espiritual? – estava apavorado.

– Bem, Akin. Creio que não seja segredo para você o dom de Joaquim, não é mesmo?

– Não! Não é segredo para mim. Joaquim é um grande curandeiro, além de ter outros dons. Mas, qual a relação dessa pergunta com o que está acontecendo? – estava em pânico, querendo voltar ao corpo que mantinha meu espírito.

– Acalme-se!... Também não é segredo o que vem ocorrendo com Lurdes, a companheira do senhor do engenho, onde você e muitos são mantidos e obrigados a trabalhar à força, certo?

– O fato de ela ter passado mal por diversas vezes? Não. Também não é segredo para mim. Só não entendo por que aquilo acontece.

– É uma força negativa que quer se vingar do companheiro dela. Por isso, essa força está fazendo com que Lurdes sofra. Como disse, essa força quer ver o sofrimento do companheiro dessa mulher, mas atacando Lurdes, também o atingirá. Por isso precisávamos falar com você, jovem Akin. Lurdes terá um filho! Ele precisa vir ao mundo, pois terá uma missão a cumprir. E o motivo dessa missão é que, no passado, ele foi um dos que eram contra o Culto aos Orixás. Mas, depois que desencarnou e pagou por seus erros, seu astral foi aberto e, ao ver tudo o que cometeu contra os que foram escravos, se arrependeu, passou muito tempo se martirizando e chegou a desejar o fim de seu espírito, até que ficou sabendo que ainda existiam engenhos, onde outros, assim como você, Joaquim e tantos, são proibidos de buscarem a Deus da forma de que gostam. Então, ele pediu que, se fosse possível e outorgado, queria voltar para ajudar a manter acesa a chama dos Cultos aos Orixás.

— Meus Deus! — levei minhas mãos ao meu rosto. "É o senhor Otávio", pensei.

Mas eles não deram atenção à minha reação, pelo fato de eu ainda ter ciência de estar no Plano Espiritual e em outro lugar, ao mesmo tempo. Logo, quem teve aquela reação foi meu espírito que estava no quarto da prece. Ele, sim, conhecia Otávio. Meu jovem espírito do passado não o conhecia.

— Eu compreendi! Só não consigo entender o que posso fazer quanto a isso — falei a eles, e ainda estava preocupado com meu corpo.

— Acalme-se! Já irá entender... Em breve, Joaquim não fará mais parte dos que estão naquele engenho. Sua idade não permitirá. E como ele sempre ajudou com seus ensinamentos a afastar a força negativa que toma o espírito de Lurdes, será preciso que alguém aprenda, acredite e ajude, tanto nos ensinamentos quanto a zelar pela vida dela, para que seu filho venha ao mundo e cumpra sua missão.

Fiquei pasmo...

— Está querendo dizer que...

— Sim, jovem Akin. É de você que precisamos! — disse o outro Ser de Luz.

— Mas, como? Eu ainda nem sou adulto.

— Por isso mesmo. Esse reencarne não será agora. Acontecerá quando você for adulto. Se aceitar, deixaremos conhecimentos em seu espírito.

Fiquei pensativo por um instante e disse:

— Mas como vou ter certeza de tudo isso? Como vou saber que não foi um sonho? — eu estava apreensivo, não conseguia acreditar no que ouvia.

— A certeza de que não foi um sonho você só terá com o passar do tempo, até porque você ainda é muito jovem. Se em espírito está com dúvida, imagine na carne. Mas, se realmente aceitar, nós lhe mostraremos algo... Algo que precisa estar em seu espírito.

– Dará tempo de eu voltar para meu corpo? – sim, eu ainda estava com medo de meu corpo morrer.

– Claro que sim, fique tranquilo! Se bem que não duvido de que Joaquim já tenha visto seu cordão da vida ligado a seu corpo carnal e tenha feito alguma coisa. Venha. Acompanhe-nos.

Eles seguraram minhas mãos.

– Akin, faremos uma viagem muito rápida. Não se assuste caso perca os sentidos.

Ainda bem que ele avisou, caso contrário, creio que teria entrado em pânico, pois, realmente, perdi meus sentidos. A viagem foi como na velocidade da luz. Meu espírito não estava acostumado.

Assim que recobrei meus sentidos, percebi estarmos em outro local. Parecia um palácio. Em volta, havia muitos livros em prateleiras.

– Está se sentindo bem, Akin? – perguntou um deles.

– Estou um pouco enjoado, mas estou bem.

Naquele palácio, avistei diversos espíritos. Alguns liam, outros pareciam deixar coisas nas prateleiras de livros e faziam isso direcionando suas mãos. Só, então, tive a certeza de estar no Plano Espiritual.

– O que esses espíritos estão fazendo? – perguntei.

– Alguns estão aprendendo, outros estão deixando seus conhecimentos. Fazem isso apenas pela vontade de ajudar os que estão por vir. Quando direcionam suas mãos, todo o conhecimento vai para esses livros. Assim, quem chega aprende com o que foi deixado por grandes sábios que por aqui passaram. Acredite, Akin! Muitos dos que viveram como você, seus pais, Joaquim e os demais já passaram por aqui. Esses livros guardam grandes conhecimentos de Cultos, Orixás, ervas, louvações, dons, dentre outras coisas.

Eu estava deslumbrado. Nunca imaginei ainda tão jovem ver coisas como aquelas.

Percebendo que minha resposta não seria outra, a não ser "sim", um deles perguntou:

– Quer ver como é a magia de receber conhecimento, Akin?

Eu não conseguia responder. Ainda estava deslumbrado. Mas eles sentiram minha vontade de ajudar.

– Venha conosco, Akin.

Fomos para outra parte, onde também havia diversos livros.

– Escolha um desses, Akin.

– Qualquer um?

– Sim! Pegue qualquer um desses livros.

Eles sabiam exatamente o que estavam fazendo. Aqueles livros continham histórias e ensinamentos de negros antigos. Em sua maioria, aqueles que tinham conhecimentos de ervas, magias, Culto aos Orixás... Enfim... Havia até livros dos que saudavam os tambores. Sim, ali estava tudo o que eu precisava para ser um grande sábio, como Joaquim, Barnabé e tantos outros.

Eu já estava com o livro aberto em uma de minhas mãos.

– Agora, direcione sua outra mão para este que está em seu poder – disse um deles.

Mesmo sem saber o que iria acontecer, fiz como ele pediu.

– Agora, deseje que todo o conhecimento que existe neste livro e todo o aprendizado possam fazer parte de sua essência e de seu espírito.

Fiz como ele solicitou. Nada aconteceu.

– Olha a fé, Akin! Fazer sem fé não resultará em nada. Esqueça que é um jovem. A carne que mantém seu espírito é nova, mas seu espírito pode ser como o dos antigos. Basta querer e ter fé!

– Ele ainda deve estar preocupado com o corpo que está no plano terrestre – disse o outro.

– Akin... Confia em mim?

Eu realmente estava com medo, mesmo assim assenti com a cabeça mostrando confiar nele.

– Ótimo! Então, grave o que vou dizer. Sua hora não é agora! Agora, é hora de receber grandes conhecimentos e, em seguida, voltar para sua carne.

Ele podia até dizer o dia e a hora do meu desencarne que não teria problemas... Meu mental seria apagado algum tempo depois.

Naquele momento, tive um sentimento de fé muito grande. Estava decidido a querer ajudar, como Joaquim, Barnabé e tantos outros.

Eu ainda estava com minha mão direcionada para o livro, quando senti algo forte em meu espírito, não conseguindo manter meus olhos abertos.

— Está se sentindo bem, Akin? – perguntou um deles.

— Não sei. Mas acho que não.

— Abra seus olhos.

Eu abri e vi que não estava mais no mesmo lugar.

— Onde vocês estão? Não os vejo! Tudo é estranho aqui – perguntei preocupado.

— Acalme-se! Você está no mesmo lugar. O que está acontecendo é que todo o conhecimento deste livro está vindo ao encontro do seu espírito!

— Mas por que estou neste lugar estranho? Estou vendo negros fazendo magias, outros tocando tambores, outros dançando... Não são escravos.

— Provavelmente, ele deve estar recebendo o conhecimento de suas origens. Creio que ainda não existia a escravidão – disse um deles ao outro.

— Sabe dizer onde está, Akin?

— Não! O chão é de terra batida, mas não é em um engenho. Tenho certeza!

— Você está bem?

— Sim! Só sinto meu corpo um pouco cansado.

— Ele deve ter pegado o livro de algum dos sábios senhores que iniciavam outros – ouvi um deles dizer ao outro Ser de Luz.

— Mantenha-se firme, Akin! Não acontecerá nada de ruim. Está apenas recebendo o que precisa.

Tudo era muito estranho. Eu via um sábio negro iniciando outros, fazendo magias, invocando um Orixá. Pelo que pude ver, eu estava em uma época em que ainda não havia a escravidão.

Procurei me manter firme, até que algum tempo depois não via mais nada.

— Acredito que acabou – disse um deles.

— Akin! Você está bem?

— Sim!

– Ótimo! Então, aproveite essa energia e pegue outro livro.

Assim fiz. Novas energias vieram ao encontro do meu espírito.

– Sabe dizer onde está, Akin?

– Não!

– Mas consegue ver alguma coisa?

– Sim! Vejo mulheres lavando vestes e guardando separadas de outras. Agora, vejo adultos tocando tambores e ensinando crianças a dançar. Acho que estão louvando algum Orixá. Agora vejo uma senhora conversando com alguém. Parece que só ela o enxerga.

– Deve ser alguém que desencarnou – disse um deles.

– Sim! É isso mesmo! – afirmei.

Ao término, fui orientado a pegar outro livro. Também senti novas energias e novos conhecimentos vindo ao encontro do meu espírito. A cada livro que eu pegava, era uma viagem diferente, com sábios distintos e conhecimentos diversos.

Eu já havia perdido as contas de quantos livros tinha pegado, até que, em determinado momento, não aguentei e caí.

– Akin! Você está bem?!

– Não sei dizer... Me sinto velho e cansado... Por que fizeram isso? Por que estou velho? – já havia lágrimas em meus olhos.

– Acalme-se! Você não está velho! Olhe para seu espírito. Ainda é um jovem. O que está sentido é consequência do conhecimento que recebeu dos seus ancestrais... Levante-se, por favor.

Olhei para meu corpo espiritual. Realmente, eu ainda era um jovem.

– Viu como não está velho? – perguntou ele e sorriu.

– Sim... Que coisa estranha. Parece que sou outro – eu estava feliz com o que sentia.

– O que sente faz parte do aprendizado.

– Realmente... Fez muito bem a mim. Obrigado!

– Pode me chamar de Samuel. Esse ao meu lado é Elias.

– Obrigado, senhores. Por quanto tempo ficamos aqui, senhor Samuel?

– Tempo da Terra? Aproximadamente dois dias – disse ele, de forma tranquila.

– Dois dias! – entrei em pânico. – Meu corpo! Vamos, senhores! Precisam me levar de volta. Vão sepultar meu corpo! – eu estava desesperado.

– Acalme-se, Akin! Tudo está sob controle!

– Tem certeza?

– Sim! Bem, Akin, agora que já tem o conhecimento, precisamos de sua resposta, antes de voltarmos para devolver seu espírito. Não podemos forçá-lo a nada. Tem o direito de escolha. Mas, caso o filho de Lurdes não venha ao mundo, não cumprirá sua missão.

Naquele momento pensei: "Ser sábio e humilde, ensinar os demais sobre os Orixás e ainda ajudar um Ser a vir ao mundo, a fim de manter acesa essa chama?" Não precisei pensar muito.

– Sim! Eu aceito! – afirmei.

– Sábia escolha, Akin! – disse Samuel.

Depois de mais algumas explicações, Samuel disse:

– Agora vamos voltar. Mas, antes, olhe para a minha mão, Akin.

Olhei... E adormeci no mesmo instante.

Quando despertei, já estava de volta ao engenho.

– Estou me sentindo mal!

– Fique calmo! Tivemos de fazer uma viagem muito rápida. Por isso adormecemos seu espírito. Estaria bem pior, se estivesse consciente. Venha.

Era noite. Seguimos para o galpão onde fazíamos nossos cultos.

Ao nos aproximarmos da porta, vi uma triste cena: meu pai e minha mãe choravam. Também vi Joaquim. Ele tinha um cajado em sua mão. Pude vê-lo olhando em minha direção e sorrindo.

– Por que meus pais estão chorando? – perguntei aos dois Seres de Luz.

– Eles acham que você partiu de vez. Venha. Seu corpo está entre aquelas palhas.

Samuel pegou em minha mão e fez com que meu espírito se deitasse sobre a carne que o mantinha. Eu chorava ainda em espírito por saber que recebi tanto conhecimento e por ver aquela triste cena.

Eu já estava deitado, quando Samuel direcionou uma de suas mãos um pouco acima dos meus olhos.

– Akin, tudo o que aprendeu ficará oculto dentro de você. Ao longo do tempo, perceberá que irão acontecer coisas "estranhas", por exemplo, o dom que tem hoje de ver e ouvir aqueles que já desencarnaram. Mas tudo fará parte de seu aprendizado e do que ficará oculto em seu espírito. Compreendeu?

– Eu, realmente, tenho o dom de ver e ouvir quem já morreu? – perguntei, surpreso, já quase entrando em meu corpo carnal.

Samuel sorriu.

– Por que acha que perdeu seus sentidos ao ver aqueles que já foram açoitados, tentando falar contigo?

"Sim. Isso faz sentido", pensei.

– Bem... Compreendeu tudo o que viu e ouviu, Akin?

Eu assenti com a cabeça, concordando com o que ouvira.

– Ótimo! Agora feche seus olhos!

Ainda de olhos fechados, ouvi um deles agradecendo a Joaquim por ter mantido serena a carne que sustentava meu espírito.

Pouco tempo depois, senti energias saindo da mão de Samuel. Elas vinham em direção a mim. Era como se eu estivesse perdendo todo o conhecimento, mas não era isso... Samuel fez com que meu mental voltasse, fazendo assim com que eu me esquecesse de tudo, menos da escolha que fiz.

– Sim! Eu aceito! – falei em voz alta já de volta à carne. Tinha em meu mental um daqueles Seres de Luz perguntando se eu aceitaria minha missão.

Naquele momento, pude sentir as palhas em meu corpo, mas, segundos depois, de forma rápida, alguém parecia tirá-las de cima de mim. Era minha mãe.

– Akin?! – ela gritou ao me ver vivo e me levantou rapidamente.

– Hora de voltar, filho! – era Joaquim quem falava, com a mão um pouco acima dos meus olhos.

Abri meus olhos. Ao mesmo tempo que tudo era estranho, tudo fazia sentido para mim.

Levantei-me, ainda meio desorientado. Olhei para meu espírito e vi que já não era mais o jovem de 15 anos.

– O que aconteceu, senhor Joaquim? Que viagem foi essa?

– Não sei o que aconteceu, mas posso afirmar que tudo o que viu estava oculto em seu mental. Seu espírito não saiu daqui. Agora, quanto à viagem que sentiu fazer, só posso dizer algo caso saiba o que viu. Tem o direito de escolha.

Contei tudo a Joaquim. Desde o dia em que vi os espíritos dos que foram escravos pedindo minha ajuda, até receber grandes conhecimentos dos livros deixados por nossos ancestrais.

Joaquim sorria enquanto ouvia. Ele realmente não errou em sua decisão de guardar o corpo que mantinha meu espírito.

– Alguma dúvida sobre a verdade que existe em seu espírito, filho? – perguntou Joaquim.

Lágrimas brotaram em meus olhos. Eu estava arrependido.

– Peço desculpa, senhor. Fui um tolo! Escutei apenas minha própria ignorância.

Joaquim me confortou com algumas palavras:

– Não fique se martirizando, filho. Já passou! O importante agora é que continue trilhando seus caminhos na luz. Não tenho dúvidas de que muitos serão agraciados com seus conhecimentos.

– Também creio nisso. Depois de tudo o que vi, não posso crer em outra coisa. Posso fazer uma pergunta, senhor?

– Claro!

– Como sabia a hora que deveria me despertar daquela viagem?

– Porque pude ouvi-lo dizendo algumas coisas. E, quando disse pela segunda vez, "sim, eu aceito", achei que já estava de volta ao corpo que mantinha seu espírito.

"É muita sabedoria em um único Ser", pensei.

Conversamos por mais algum tempo, até que Joaquim decidiu dizer por que fizeram tanto por mim.

– Bem. Agora preciso falar. Creio que não seja segredo para você que a nova crença religiosa precisa de Seres para ser expandida mais e mais... Ou ainda não percebeu isso, filho?

– Não tenho dúvidas quanto a isso, senhor.

– Ótimo! Bem, como já é detentor de vasto conhecimento, e temos outorga do Orixá das Almas para iniciá-lo e direcioná-lo para a linha da qual também fazem parte Barnabé e eu, gostaria de lhe fazer um convite: quer fazer parte desses que fazem a caridade por meio de seus conhecimentos, mandingas, levando um pouco de paz de espírito para os que estão na carne?

"Depois de tudo o que fiz e pelo que passei, Deus teve misericórdia e o Orixá das Almas outorgou que eu fizesse parte da Linha dos Velhos Sábios?", pensei e cheguei à seguinte conclusão: não sou quem decide se sou merecedor ou não! Se a força de um Orixá iria me reger, era porque eu merecia. Além do que, receber a força de um Orixá é algo inexplicável.

– Claro que aceito, senhor Joaquim! Além do que, não posso ser omisso à missão a qual me foi dada – meus olhos estavam banhados em lágrimas.

– Fico feliz! Aceita que eu o ajude, filho? Ficarei muito contente se puder.

Eu assenti com a cabeça, concordando.

– Muito bem! Mas, antes, precisamos falar com o Guardião do Cemitério.

Já de volta ao cemitério, fomos ao encontro do Guardião.

– Salve, Guardião! – saudei.

– Salve, meu amigo! Salve sua sagrada presença, senhor Joaquim!

– Obrigado, Guardião. Eu também o saúdo... Bem, tudo saiu como planejado. Akin viu sua verdade e está disposto a seguir pelos caminhos de luz. Como temos muitos trabalhos e novos templos serão abertos, pensamos em iniciá-lo aqui mesmo, Guardião, e fazer Akin chegar até a presença do Orixá das Almas para ser redirigido, tendo em vista que aqui também é o ponto desta Força Divina! Já temos outorga para tornar Akin parte da falange do Orixá das Almas, mas também preciso de sua outorga, pois é o Guardião deste cemitério. Se estiver de acordo, darei início agora mesmo, Guardião. Tenho sua permissão?

– Claro, senhor! Caso eu possa ser útil.

– Sou grato por toda ajuda.

Mesmo sem saber ao certo o que iria acontecer e para onde meu espírito seria direcionado após aquela iniciação, mas ciente de que minha missão seria ao lado dos Velhos Sábios, não podia partir sem antes me despedir do Guardião.

– Mais uma vez peço desculpas, grande Guardião. E obrigado por tudo o que fez! Agradeço a você e a todos os seus aliados, companheiro.

– Essa é nossa missão, meu amigo.

– Bem... Não sei o que será de meu espírito após essa iniciação, mas, se for permitido e eu puder, saiba que poderá contar com minha ajuda, Guardião. Mesmo que eu ainda não saiba ao certo o que acontecerá daqui para frente.

– Não tenho dúvidas quanto a isso, meu amigo – o Guardião falou como soubesse o que o destino reservava a mim. – Agora vá! Propague a nova crença religiosa!

Eu assenti, concordando com o Guardião.

O Guardião realmente não sabia ao certo o que iria acontecer, mas tinha ideia. Depois de muitos anos trabalhando na Lei, resgatando e ajudando Trevosos e espíritos perdidos a encontrar novos caminhos, podia sentir o que cada um carregava em sua essência após vê-los ajudando dentro da Lei. Porém, além do Guardião, Joaquim e Barnabé também sabiam que, assim como muitos dos seres humanos desempenham suas funções com dedicação quando gostam do que fazem, assim também se dá em espírito.

A Iniciação Regida pelos Sete Tronos Sagrados

Fui levado por Joaquim para perto do Cruzeiro das Almas. Ali se abriu um portal.

– Vamos, filho. Chegou a hora de seguir com sua verdade. Feche seus olhos e dê um passo em direção ao portal para entrar na vibração.

Adentramos o portal, seguimos por uma estrada luminosa. Ao lado não havia nada. Assim senti naquele momento.

Nós ainda caminhávamos, quando senti meu espírito ser lançado para um lugar onde não havia nada nem ninguém. Fui lançado sem ao menos ter mentalizado aquela ação.

Olhei para os lados e não vi Joaquim. "Isso deve fazer parte da iniciação", pensei.

Comecei a caminhar e não avistava ninguém, tampouco sentia energias. Então, fiquei a pensar em tudo o que aconteceu desde que estive na carne até chegar àquele lugar desconhecido. Sim, eu havia errado, e muito, mas se estava ali era porque nosso Criador Maior teve misericórdia. Sabia da verdade existente em meu espírito, do meu arrependimento, da vontade de ajudar...

Enfim... Tudo o que estava em minha essência era de conhecimento do Grande Criador. Tive fé nisso e a certeza de que realmente havia uma missão a seguir, missão essa como a de muitos dos negros que foram escravos e hoje são grandes pregadores da Sagrada Crença. Foi exatamente assim que pensei naquele momento, e o motivo desses pensamentos era a recordação de todos os ensinamentos, inclusive os que obtive por meio dos livros, quando meu espírito foi direcionado para o Plano Espiritual pela primeira vez, quando eu ainda era um jovem.

Todos aqueles pensamentos me levaram novamente ao arrependimento, seguido de uma vontade de me ajoelhar e ficar em prece. Foi o suficiente para que uma das Forças Divinas aparecesse para mim.

Eu ainda estava em prece, quando senti uma energia desconhecida. Ao olhar a distância, vi uma luz muito forte.

Atrás daquela intensa luz, enxerguei o que parecia ser um senhor. Não conseguia vê-lo nitidamente, mas sua forma de luz deixava claro que era um senhor. Algum tempo depois, fixei meus olhos para ver se conseguia enxergar quem era aquele Ser.

– E conseguiu? – perguntei ao Guia.

– Sim. Mas da forma que me foi permitida. As Forças Divinas se apresentam da maneira que julgam ser necessária! Para mim, se apresentou como uma das imagens que cultuávamos no engenho.

Eu ainda olhava fixamente, até que comecei a ver as imagens que usávamos como referência aos Orixás no engenho. Porém, de todas as imagens que ali estavam, tive a certeza de reconhecer apenas uma.

– É o Orixá que rege os mistérios da grande falange dos Velhos Sábios – falei a mim mesmo.

Assim que disse isso, a força ali presente novamente se tornou a figura de um senhor, mas também não consegui ver sua face. Luzes em formas de cruzes estavam à sua frente.

Naquele momento, lágrimas brotaram em meus olhos. Eu já sabia que minha missão seria junto aos grandes sábios que estiveram ao meu lado como escravos ainda na carne. A força do Orixá das Almas ali presente fazia com que eu tivesse essa certeza.

Mas, mesmo ciente e grato por estar sendo direcionado para a falange dos Velhos Sábios, algo ainda tocava meu espírito.

– E o que o tocava naquele momento?

– Tudo o que eu havia feito ao lado do Guardião e de todos seus aliados. Confesso que ajudar os que estavam na carne, da maneira como muitos Exus Guardiões ajudavam, já fazia parte de mim. Ver aqueles que estavam carregados de demandas negativas e poder esgotar tais energias, bem como desfazer o que foi feito de forma negativa nas encruzas, também faziam parte da minha essência. Eu gostava até de negociar com Trevosos, para que deixassem de demandar negativamente contra os que não mereciam. Isso mesmo. Muitas vezes pegávamos a essência do que foi ofertado e levávamos para aqueles que demandavam de forma negativa, a fim de negociar. Às vezes, conseguíamos com uma boa conversa, em outras dávamos nosso jeito.

Bem, eu já estava ciente da missão a mim destinada e agradecido também. Afinal, depois de tudo o que fiz, ainda ser convidado a fazer parte da linha dos Velhos Sábios... Não teria como não agradecer.

Eu ainda estava em prece, também agradecia. Às vezes, olhava para o Orixá das Almas e notava que ele nada fazia, parecia esperar algo de mim... Foi quando ouvi alguém se dirigir ao meu espírito.

– Qual sua dúvida, filho?

– Barnabé? É o senhor? – perguntei o procurando.

– Sim! Estou ao lado de Joaquim. Nestor está aqui também.

– Não os vejo!

– Isso é o que menos importa, filho. Acredite! Apenas responda à minha pergunta... Qual é sua dúvida neste momento?

– Prefiro não dizer, senhor. Não quero errar em minhas palavras.

– Errado é o que está fazendo, guardando palavras que tocam de forma negativa em seu espírito. Se tem algo a dizer, este é o momento. Não reprima seus sentimentos! Deixe que a força aqui presente saiba o que está em sua essência. Aliás, não tenho dúvidas de que Ela já saiba, mas você também precisa expressar suas vontades.

Ao passo que as palavras de Barnabé faziam sentido, eu ainda me sentia confuso:

– Senhor, sinceramente, não sei o que faço. Embora ainda sinta não ser digno, sei que fui perdoado e devo seguir minha missão ao seu lado, de Joaquim e de todos os sábios – eu falava ainda com lágrimas em meus olhos.

– De que foi perdoado, não tenho dúvidas. Agora, seguir sua missão ao meu lado e dos outros já não tenho tanta certeza assim. Por que não segue o que sente em seu espírito e deixa as Forças Divinas tomarem a decisão? Quando um Ser em carne é designado para fazer aquilo de que gosta, não tenho dúvidas de que desempenhará sua tarefa da melhor forma possível, pois fará com amor. Assim também se dá em espírito. Além disso, queria dizer outra coisa... Quando Joaquim, ainda na carne, me apresentou às Forças Divinas, eu não sabia o que iria acontecer, nem quem estava à minha frente. Porém, entreguei-me ao momento e deixei ser feita a vontade de Deus e do Orixá ali presente. Hoje, sou grato por terem feito o que estava em minha essência. Era isso o que eu tinha a dizer. Agora, siga seus sentimentos neste instante. O que há de vir ficará por conta das Forças Divinas!

Mesmo sem saber ao certo o que Barnabé havia dito, resolvi aceitar minha verdade e seguir com ela. Mas, confesso... A todo momento, os trabalhos ao lado dos Guardiães não saíam de meu mental.

Certo de minha missão, levantei-me e comecei a caminhar em direção ao Orixá das Almas. Mas, quando cheguei próximo a ele, as luzes aumentaram, não deixando que eu o enxergasse.

Em dado momento, as cruzes que ali estavam juntaram-se com a intensa luz e começaram a se dividir em fachos. Sete, para ser mais preciso.

As luzes começaram a tomar formas que, a princípio, eu não reconhecia, mas, hoje, posso afirmar... Elas representavam as Sete Forças Divinas.

Aquelas luzes começaram a tomar meu espírito, energias muito fortes por sinal, mas eu ainda podia ver as Sete Forças presentes. Elas ainda tomavam formas.

Eu estava apreensivo, mas ainda em prece, quando uma das Forças ou um mensageiro dela se apresentou nitidamente aos meus olhos espirituais.

Ele chegou sobre um enorme cavalo, suas vestes pareciam de aço, sua altura dava medo, em suas mãos carregava duas espadas. Seguindo-o, as outras Forças também vinham em minha direção, cada uma delas parecia carregar formas de seus respectivos pontos de força.

O Cavaleiro estava próximo e meu medo só aumentava. Então, ajoelhei-me e continuei em prece.

Ainda ajoelhado e com a cabeça curvada, senti a força daquele Orixá em meu espírito. E, me lembrando de quando fazíamos nossos cultos e das saudações, saudei a força do Orixá das Batalhas. Sim, eu ainda me recordava de todas as saudações que os negros de cada nação faziam.

Assim que o saudei, ainda com a cabeça curvada, pude ver o Cavaleiro direcionando uma de suas espadas perto de minhas mãos.

Eu não sabia o que fazer. Estava perdido.

Mas, Joaquim, Barnabé e Guardião estavam atentos, mesmo que eu não pudesse vê-los.

– Abra suas mãos, meu amigo! – ouvi o Guardião pedir.

Assim que abri minhas mãos, pude sentir uma força muito intensa saindo da espada do Cavaleiro e, em seguida, algo começou a se formar sob ela.

– E conseguiu descobrir o que era? – perguntei ao Guia.

– Sim. Em forma de energia que saía da espada, o Cavaleiro fez com que uma enorme corrente entrasse em meu espírito por minhas mãos. Em uma de suas pontas, havia um cajado e, na outra, se formou algo como uma bola de aço com espinhos. Em seguida, todas as forças que estavam presentes irradiaram sobre o que fora deixado em minhas mãos, até que aquela energia específica sumiu, entrando em meu espírito.

Depois, as forças começaram a tomar meu espírito, parecendo me carregar para diversos lugares; era como se, ao mesmo tempo, eu estivesse entre matas, cascatas, pedreiras, cemitérios, estradas cruzadas, no mar, enfim... Sentia que meu espírito estava sendo levado a cada ponto de força dos Sagrados Orixás. Parecia uma longa viagem, porém, em uma velocidade vertiginosa. E a cada ponto de força aonde meu espírito era levado, eu recebia sua energia.

Algum tempo depois, tudo parou. Eu não sentia mais nada.

Cheguei a achar que tudo havia finalizado, até, novamente, meu espírito ser lançado. Dessa vez, para um lugar onde havia o que parecia ser um enorme palácio.

Na porta daquele imenso palácio, havia dois Guardiões enormes que faziam a proteção com suas armas em mãos. "Acredito que lá dentro devam estar os Velhos Sábios. Chegou a hora de me juntar a eles", pensei.

Eu já sentia que meu espírito fazia parte da falange dos Velhos Sábios. Sim, quando aqueles sábios vão à Terra carregam em seus espíritos a essência daquela linda falange, e era isso o que eu sentia naquele momento. Sentia que seria mais um em meio a tantos sábios.

– Então, isso quer dizer que, naquele instante, o senhor não mais pensava nos trabalhos ao lado dos Guardiões e das Guardiãs. Estou certo?

– Errado, meu caro! Aquilo, em momento algum, saiu de meu mental. Mas eu estava agradecido por saber que faria parte da Linha dos Sábios.

Caminhei até a porta daquele imenso palácio.

– Salve, senhores Guardiões! – saudei.

– Salve, iniciante! – disse um deles. Em seguida, os dois tiraram suas armas daquela imensa porta.

Ao adentrar, não vi ninguém, mas enxerguei claramente diversas armas, túnicas, capas. Tudo estava em diferentes partes daquele palácio. Encontrei até armas e vestes das Moças que fazem seus trabalhos na esquerda. "Estranho. Que lugar é esse? Nunca vi os Velhos Sábios com esse tipo de armas de proteção em seus trabalhos", pensei.

Eu já não estava entendendo mais nada, mas, como sempre, os sábios estavam atentos:

– Está se sentindo bem, filho?

– Sim, senhor Joaquim!

– E por que está parado? – perguntou o Guardião do Cemitério.

– Não sei o que faço, Guardião! Estou sendo sincero.

– Está omitindo, filho! – era Barnabé quem afirmava. – Não fique preso a algo que, talvez, seja sua missão. Está subestimando as Forças Divinas. Elas já sabem de tudo! Mas nada acontecerá enquanto continuar preso a algo que sente que deva fazer. Sua iniciação já está para findar, basta que aceite realmente o que vibra em seu espírito e deixe se aproximar aquele que o concederá a outorga para usar seu nome.

Fiquei ainda mais confuso, mas decidi vibrar o que sempre esteve em meu espírito desde que conheci o Guardião e seus aliados. Foi naquele momento que novamente vi o "Senhor das Almas" à minha frente. Ele carrega vestes como as de muitos dos Velhos Sábios.

Ajoelhei-me e comecei a chorar, por saber que estava diante de uma grande força e havia sido aceito por ela.

Mas eu ainda vibrava a minha vontade, então, decidi aceitar as palavras de Barnabé e ser o mais sincero possível. "Talvez, o Orixá aqui presente não escute o que vou pedir, mas tenho de tentar", pensei.

Ainda curvado, olhei para o "Orixá das Almas" e disse a verdade que sentia em meu espírito.

– Senhor, sou imensamente grato por ter sido aceito por sua força. Mas sinto que meu lugar não é aqui! Sinto que meu lugar é nas ruas, Senhor! Muitos precisam de ajuda contra forças inimigas, trabalhos negativos, demandas... Gosto de ajudar o Guardião e seus aliados. Senhor, não estou querendo ser omisso à missão a qual me foi concedida, só estou fazendo com que eu mesmo saiba o que vibrar em meu espírito para não ficar preso dentro de mim. Mas sei que cada um tem sua missão. Neste momento, aqui me entrego à sua força para fazer parte da Linha dos Sábios – e voltei a ficar cabisbaixo, à espera do fim daquela iniciação.

Algum tempo depois, senti uma energia muito forte. Então, percebi que o Orixá das Almas não estava mais à minha frente. No lugar onde Ele estava havia um Ser desconhecido por mim. Não pude vê-lo claramente, mas os sábios sabiam quem era.

– Vê alguém, filho? – perguntou Barnabé.

– Sim! Mas não sei quem é, senhor! Ele está usando uma longa túnica preta e carrega algo em suas mãos!

– Sabe dizer o que essa força carrega?

– Não!

– Bem, se quiser saber, direcione suas mãos e deseje que em seu espírito seja plasmado o que essa força carrega.

– Como farei isso?

– Da mesma forma que fazia para recolher a energia dos que iam em busca da paz de espírito, meu amigo – disse o Guardião do Cemitério.

Após ouvir o Guardião, eu já sabia o que fazer. Estava pronto para plasmar em meu espírito o que aquele Ser à minha frente carregava.

Direcionei minhas mãos e fiz um breve agradecimento. – Obrigado, Senhor das Almas! – e puxei aquela energia. Plasmei em meu espírito o que ele carregava.

Mas não suportei aquela energia, não consegui ver o que havia plasmado, pois perdi meus sentidos no mesmo instante. Ao recobrá-los, abri meus olhos e estava de volta ao cemitério, caído ao solo.
– Está se sentindo bem, filho? – perguntou Barnabé.
– Não sei ao certo, senhor. Tudo parece muito confuso... O que eram aquelas forças? O que eram aquelas Luzes? Que palácio era aquele com vestes e armas de Guardiões e Guardiãs?
– Acalme-se e levante-se...
Assim que notou que eu estava mais calmo, Barnabé prosseguiu:
– Bem, creio que aquelas forças e luzes eram as Forças Divinas. Agora, palácio, não sei dizer, mas acredito que esteve por alguns momentos no Templo dos Guardiões... Estou certo, Nestor? – perguntou ao Guardião do Cemitério.
O Guardião assentiu com a cabeça dizendo que sim. Além dele, Joaquim e Barnabé já desconfiavam do que havia acontecido, apenas eu não sabia, pois ao me levantar, olhei em meu espírito e vi que não estava plasmado como os Velhos Sábios.
– Algum problema, filho? – perguntou Barnabé.
– Tudo é muito estranho, senhor. Enquanto noto a força de espírito, sinto não fazer parte da Linha dos Sábios. Não sinto a mesma vibração em meu espírito. Vi tantas coisas, mas agora nada parece fazer parte de mim.
– Não será porque ainda tenta vibrar algo que acha ser sua missão, em vez de vibrar o que realmente gosta de fazer? – Barnabé parecia já saber.
– Não sei como responder a essa pergunta, senhor Barnabé. Foram tantas as coisas que vi e senti... Vocês não estavam ao meu lado quando entrei no portal?
– Sim. Mas não entramos no portal. Entramos na vibração do Orixá deste ponto de força. Não saímos do cemitério. Tudo aconteceu bem aqui! – afirmou Barnabé e prosseguiu: – Filho, já aprendeu a não subestimar os que habitam a escuridão, agora, precisa aprender a não subestimar as Forças Divinas. Tudo acontece no tempo e na forma que nosso Criador Maior planeja – e sorriu.

Resolvi não o questionar quanto a isso. Mas algo ainda não saía de meu mental:

– Senhor, posso fazer uma pergunta?

– Claro! Seu eu puder responder...

– Por que aquelas luzes tinham formas, tomaram meu espírito e me levaram a diversos lugares?

– Isso faz parte da iniciação. Quando uma força vem reger nossa coroa, ela toma a forma que desejar e faz com que nosso mental leve nosso espírito a lugares onde jamais imaginaríamos estar. Mas, para isso, temos de ter fé!

– Mas não era apenas uma luz, senhor. Primeiro, vi um Ser desconhecido atrás de uma intensa luz. Havia algumas cruzes perto Dele. Cruzes como essas de suas vestes.

– Sim! Era o Senhor das Almas! – afirmou Barnabé.

– Exatamente, Senhor! Algum tempo depois, vi diversas luzes, sete para ser mais preciso. Elas vieram em minha direção. Em seguida, eu me vi em diversos lugares!

– Não seriam os pontos de forças de cada Orixá? – Barnabé perguntou, ainda com um ar de saber o que havia acontecido.

– Estou certo de que eram, senhor. Mas por que tudo isso aconteceu? Por que fui direcionado a todos aqueles lugares? – estava muito confuso.

– Filho, lembra-se do que lhe disse quando estava sendo apresentado a fim de vibrar sua verdade e deixar que as Forças Divinas fizessem a parte delas?

– Sim! E fiz isso, senhor!

– E se lembra dos lugares onde esteve durante a iniciação?

– Foram muitos!

– E se lembra do que disse ao "Senhor das Almas" ao fim de sua iniciação?... Se é que era o Senhor das Almas quem estava ali – disse Barnabé e deu um leve sorriso.

– Disse a verdade, senhor. Afirmei ser grato por ter sido aceito para fazer parte da Linha dos Sábios, mas sentia que meu lugar era nas ruas.

– E em quais lugares das ruas esteve durante a iniciação?

– Em encruzilhadas! Mas me lembro de estar em uma mesma encruzilhada por mais de uma vez.

– E, por acaso, se lembra de onde fica essa encruzilhada?

– Sim! Já fiz alguns trabalhos ali junto a um dos aliados do Guardião do Cemitério.

– Consegue nos direcionar pelos caminhos?

– Claro, senhor!

Lançamos nossos espíritos. Era noite. Em pouco tempo, já estávamos perto do local.

– É aquela encruzilhada, senhor! – disse a ele.

Caminhamos até o local. Joaquim e Barnabé cruzaram para o outro lado e ficaram a observar aquela encruzilhada. O Guardião do Cemitério ficou ao meu lado. De longe pude notar... Lágrimas saíram dos olhos de Joaquim e Barnabé.

– O que acontece com eles, Guardião? Por que parecem tristes?

– Creio que a vontade que vibrava em seu espírito foi aceita, meu amigo. Esse deve ser um dos motivos para ficarem dessa forma. O outro motivo acredito ser por saberem que, depois de todos os acontecimentos, você conseguiu encontrar a paz em seu espírito e, hoje, trilha pelos caminhos da luz.

Algum tempo depois, Joaquim e Barnabé voltaram para onde estávamos. Com lágrimas em seus olhos, Joaquim se dirigiu a mim:

– Filho... É gratificante ver sua evolução! Também é gratificante ver que o que vibrava em seu espírito, agora, faz parte da sua missão.

Eu ainda não havia entendido o que havia acontecido, mas achei estranho estar naquela encruzilhada. A força que ali vibrava fazia eu me lembrar de todos os Orixás.

Barnabé se aproximou de mim. Ele também tinha lágrimas em seus olhos...

– Chegou a hora de iniciar sua missão, filho! Chegou a hora de começar a tomar conta de seu ponto de força!

– Ponto de força? – perguntei sem entender.

– Sim!... Lembra-se do que tinha em mãos o Exu Maior, após você dizer que sentia que seu lugar era nas ruas?

– Não era um Exu, senhor!... Era o Senhor das Almas, não?

– Essa era a verdade na qual você acreditava, não a que estava em seu espírito! Sim! O Orixá das Almas esteve ali, assim como todos os Orixás! Mas, quem estava à sua frente ao final da iniciação era um Exu Maior, o qual lhe concedeu outorga para usar seu nome. Agora, responda à minha pergunta... Lembra-se do que tinha em mãos o Exu Maior, após dizer o que sentia em seu espírito?

– Não me lembro. Assim que plasmei em meu espírito o que o Exu Maior tinha em mãos, perdi meus sentidos.

– Pois, então, plasme novamente!

"Como plasmar algo que não vi?", pensei.

– Se tiver fé em sua verdade, conseguirá plasmar! – afirmou Joaquim. Ele ainda carregava o dom de ouvir pensamentos.

Resolvi não questionar e, naquele momento, procurei me lembrar de toda a iniciação até seu findar, quando o Exu Maior esteve em minha frente.

Algum tempo depois, eu parecia ter voltado àquela iniciação, mas não era isso... Era o que vibrava em meu espírito que se apresentava a mim. Naquele momento, pude ver meu espírito de volta ao Templo dos Guardiões, mas não havia ninguém lá, apenas uma luz muito forte, ela estava da mesma forma como eu havia visto nas mãos do Exu Maior. "Tenho que plasmar isso em meu espírito", pensei.

Direcionei minhas mãos. Em fração de segundos, aquela luz veio ao encontro de meu espírito e, num piscar de olhos, eu estava de volta à encruzilhada.

Ao olhar para meu espírito, não consegui vê-lo, pois eu estava envolto por uma longa capa preta. Nela, havia símbolos que faziam referência a todos os Orixás. Um capuz que havia na capa cobria parte de minha face.

Eu estava pasmo.

– Senhor! Minha missão não seria ao seu lado, de Joaquim e dos outros sábios? Por que essa capa toma meu espírito?

– Porque essa capa lhe pertence! Agora, quanto à missão... Talvez sim. Talvez, fosse ao lado daqueles que foram escravos... Mas não tenho dúvidas de que os Orixás sentiram o que vibrava em seu espírito e fizeram a escolha certa. Afinal... Não é o que gosta de fazer?

Ainda meio confuso, assenti com a cabeça, concordando com o que ouvira. E confesso... Fiquei emocionado.

– Achei que a resposta seria essa. Agora, abra uma de suas mãos. Lembra-se do que o Cavaleiro deixou nelas?

Novamente assenti, concordando. Eu me lembrava da energia que havia entrado em meu espírito.

– Ótimo! Então, plasme em sua mão o que foi deixado pelo Cavaleiro.

Lembrei-me daquele momento. Em poucos segundos, começou a se formar em minhas mãos aquilo que seria uma das minhas armas de proteção: um cajado. Nele, havia uma corrente e, em uma das pontas, em forma de energia, formou-se aquilo que parecia ser uma bola de aço com espinhos. A força dos Sete Orixás vibrava naquela arma de proteção.

– Muito bem! Agora, venham comigo – pediu Barnabé.

Lançamos nossos espíritos. Num instante, estávamos perto de um local onde Trevosos e espíritos caídos pegavam as essências de oferendas negativas.

– Está vendo aqueles Seres distantes? – perguntou Barnabé.

– Sim! Estão vibrando de forma negativa contra alguém. Preciso ir até lá, senhor?

– Sim! Mas, acalme-se, por favor! Isso não é uma missão. Só quero mostrar o dom que carrega em sua capa. Oculte seu espírito, filho!

– Ocultar meu espírito? – perguntei sem entender.

– Sim! Cubra todo seu espírito com sua capa! Oculte-se contra os olhos da maldade!

Mesmo sem entender, fiz como Barnabé orientou.

– Agora, vá ao encontro deles, mas não faça nada! Apenas confirme a magia que existe em sua capa.

Com meu espírito completamente envolto por minha capa, fui em direção aos Trevosos. Passei próximo a todos eles... Nem minha energia puderam sentir. Em seguida, voltei para onde estava Barnabé e os outros.

– Como consegui fazer isso, senhor?!

Barnabé sorriu...

— Já lhe disse! Sua capa lhe dá o dom de se ocultar e ocultar outros contra os olhos da maldade. Além de ajudar os que estão em espírito, também poderá auxiliar os encarnados. Sua capa permite protegê-los.

Palavras do Preto-Velho: "A proteção que a capa dos Guardiões da falange do Exu Maior Sete Capa dá aos encarnados é uma proteção de equilíbrio e serenidade, para que, diante de determinadas situações, possam manter a calma e sentir que ali existe um Exu protetor. Assim também agem outros Guardiões".

Lançamos nossos espíritos de volta à encruzilhada. Naquele momento, eu já estava certo de minha missão, mesmo que ainda um pouco confuso... Mas o sábio Barnabé detalhou para mim:

— Bem, filho. Como eu disse, não tenho dúvidas de que fez a escolha segundo o que vibrava em seu espírito. A partir de hoje, você será o Guardião deste ponto de força! Sua missão: proteger este ponto, guardar os mistérios que aqui existem e os que aqui vierem em busca de ajuda espiritual. Caso receba ofertas para o bem, reverta-as em benefício para os que ofertaram, é claro, se isso for outorgado pela Lei. Caso veja demanda negativa contra outros, ou até mesmo algo que não corresponda à Lei Divina, tem permissão para agir, porém, dentro da Lei. Além deste ponto, sua força também vibrará em outros, pois tem outorga para trabalhar no ponto de força de cada Orixá! Porém, aqui, é onde vibrará sua força e seu nome.

Barnabé fez uma breve pausa, em seguida, saudou-me:

— Eu saúdo sua chegada, Exu Sete Capas! Agora, será o Guardião desta encruzilhada!

O Guardião do Cemitério se aproximou:

— Salve, companheiro Sete Capas!

— Obrigado, Guardião. Obrigado por tudo o que fez por mim! — agradeci, ainda meio perdido.

— Você mereceu! A partir de agora, faz parte da grande falange do Exu Maior denominado Sete Capas. Só um conselho: cuidado com sua arma de proteção, meu amigo! Ela foi irradiada pelas Sete Forças! Procure não combinar o que vibra em sua essência com as forças que essa arma carrega! Antes, procure negociar.

— Ficarei atento, Guardião!

O Guardião fez cara de desconfiado. Em seguida, Joaquim se aproximou...

– Sou grato ao nosso Criador por ter colocado em nossos caminhos aquele jovem ainda desconfiado de tudo, mas que, com sua fé, encontrou sua verdade e, hoje, é mais um defensor da força da esquerda. Eu o saúdo, Guardião Exu Sete Capas!

– Obrigado, senhor Joaquim. Obrigado por acreditar em mim desde que estivemos em vida na carne. Obrigado, companheiro Guardião do Cemitério. Agradeço ao senhor também, senhor Barnabé.

– Sou grato por suas palavras, filho.

Mas, eu ainda tinha uma dúvida...

– Senhores... Por que as Sete Forças se apresentaram a mim? – perguntei.

– Bem, filho – era Barnabé quem falava –, a resposta é simples. Feche seus olhos e mentalize as Setes Forças... Agora, mentalize todos os pontos de força onde esteve durante sua iniciação.

– Posso sentir e ver os pontos de força, senhor – disse eu, de olhos fechados.

– Muito bem. Agora, mentalize sua capa... Perfeito, filho... Abra os olhos e olhe para a sua capa.

Assim fiz. Fiquei impressionado. De minha capa, começaram a surgir outras... Sete, para ser mais preciso... Cada uma delas carregava a força e a cor de cada Orixá. As capas surgiam uma sobre a outra, em forma de cascata.

– Aí está a resposta para a sua pergunta, filho... Você recebeu a força dos Sete Orixás. Logo, tem permissão para trabalhar nos setes pontos de força. A força que carrega em seu espírito, capas e armas de proteção servirão para ajudar quem precisa, tanto na carne como no espírito. Quando um ser estiver sob demanda negativa e, para ajudá-lo, for preciso um Guardião que trabalhe sob a regência do Senhor dos Caminhos, ou sob a regência da Deusa do Amor, por exemplo, você, como Guardião regido pelas Sete Forças, terá permissão e saberá como auxiliar, caso quem precise ser ajudado mereça. De forma resumida... Você tem outorga para trabalhar nos setes pontos de força, além de também receber o que neles for ofertado, caso seja necessário e permitido. Quando trabalhar dentro de templos, a fim de ajudar os que estão na carne, saberá qual força trazer em seu espírito, dependendo da necessidade. Mas, como eu disse, seu principal ponto de força será nesta encruzilhada.

Não queiram entender o sentimento que tive, porque nem eu sei explicar. Não fui omisso ao dizer que não merecia estar na Linha dos Sábios, ao contrário... Fui grato por ter sido aceito. Porém, naquele momento, só fiz com que eu mesmo soubesse da minha verdade e, quando digo "a minha verdade", estou fazendo menção a quem hoje sou, por mais que tenha havido mudanças em minha caminhada espiritual, pois também existia a verdade que fora deixada em meu espírito. Contudo, o gosto com que eu realizava as missões ao lado de Guardiões e Guardiãs falou mais alto. Sim, isso foi um fato, tanto que as Forças Divinas do nosso Criador me colocaram onde sabiam que eu iria desempenhar minha missão com afinco.

Tempos depois, já com aliados e trabalhando regido pela Lei, Joaquim veio ao meu encontro...

– Filho, temos um convite a lhe fazer. Se quiser, pode deixar um de seus aliados tomando conta deste ponto de força para que possa trabalhar junto a mim, Barnabé e tantos outros.

Minha resposta era sempre a mesma, todas as vezes que Joaquim vinha e falava sobre esse convite...

– Senhor... Sou grato! Mas, enquanto for um convite, continuarei com minha missão nas encruzilhadas da vida... Só irei deixá-las caso a Lei Maior ordene.

Era isso o que vibrava em meu espírito. Como disse o sábio Barnabé: – Quando fazemos algo de que gostamos, fazemos com amor e dedicação. E trabalhar nas ruas é o que eu fazia com prazer.

Exu Sete Capas, o Guardião da Encruzilhada

Eu estava em um dos sete pontos de força. Já passara um bom tempo desde minha iniciação.

Naquele dia, eu estava próximo a uma pedreira. Ali, ajudava um dos meus aliados... Era o Guardião das Pedreiras.

– Está vendo essas oferendas? – era eu quem perguntava ao meu aliado. – Esta foi ofertada como agradecimento ao Orixá responsável por este ponto de força. Aquela, como agradecimento ao povo da esquerda. Você é o Guardião deste ponto de força. Já sabe o que fazer?

– Sim, companheiro! Preciso pegar as essências que aqui estão firmadas ao povo da esquerda e reverter a quem ofertou.

– Exatamente!

Nós ainda conversávamos, quando um dos aliados do Guardião do Cemitério veio ao meu encontro.

– Salve, Guardião Sete Capas!

– Boa noite, Guardião das Matas... Como posso ajudar, meu amigo?

– Estão tentando levantar a força de um espírito caído, companheiro. Aquele que deixou a vida na carne perto da encruza, onde é seu ponto de força. Em razão dos atos insanos que cometeu em vida, seu espírito está preso na carne. Até onde pude entender, só sairá de lá quando seu espírito for esgotado para assim seguir novos caminhos. Se assim for permitido... Os encarnados que estão tentando levantar essa força sabem o que estão fazendo. Tanto que, alguns, estão em um cemitério clandestino onde o corpo carnal daquele Ser foi sepultado, e outros estão na encruza onde ele morreu.

Eu já sabia o que havia acontecido. Sabia até que alguns membros da família daquele que havia deixado a vida na carne queriam se vingar de alguns que estavam vivos, achando que foram eles os responsáveis pela morte. Mas não era isso... E, como já estava ciente de que iriam levar alguma demanda negativa àquela encruzilhada por já terem ido lá algumas vezes, sempre que eu precisava sair, deixava um dos meus aliados tomando conta daquele ponto de força. E foi um deles quem viu tudo o que fizeram na encruza.

Aquele meu aliado já conhecia minha essência, então, resolveu contatar primeiro o Guardião do Cemitério. E, como o Guardião estava em missão, pediu que o Guardião das Matas fosse ao meu encontro.

Continuamos dialogando...

– Se o espírito dele está pagando pelo que fez, não vão conseguir levantar sua força, não é mesmo? – perguntei ao Guardião das Matas.

– Sei disso, meu amigo. O problema é que, mesmo não conseguindo, Trevosos iniciantes estão próximos para pegar a essência do que está sendo ofertado de forma negativa. Quem vai saber do que são capazes... E, como o Guardião do Cemitério está em missão, pediu sua ajuda.

– Claro, meu amigo! Leve-me até lá.

Primeiro, iríamos ao cemitério. Depois, para a encruza.

Despedimo-nos do Guardião das Pedreiras e lançamos nossos espíritos. O local era mesmo em um cemitério clandestino.

– Ali estão eles, meu amigo – disse o Guardião das Matas.

Olhei para a cena. Eram quatro pessoas. Realmente, eles tentavam levantar a força daquele espírito.

Distante deles vi alguns espíritos, eram iniciantes dos Trevosos. Eles esperavam o findar daquele ritual para pegar a essência. Possivelmente, a mando de algum chefe.

– Fique aqui, companheiro. Assim que eu fizer aquelas pessoas irem embora, falaremos com aqueles iniciantes das trevas.

Ocultei meu espírito em minha capa e me aproximei dos quatro encarnados que tentavam levantar aquela força. Observei todos. Notei que um deles era mais propenso a ver, ouvir e sentir a presença de espíritos. "Vou dar um jeito para que ele me veja", pensei.

Fiquei ao lado de todos, porém, mais próximo do homem que eu sabia que poderia sentir minha presença.

Eles ainda faziam o ritual para levantar aquela força, estavam ajoelhados perto da sepultura. Então, tirei a capa que envolvia meu espírito, plasmei uma forma que sabia que não iria deixar ninguém por perto e, com meus olhos em "brasas", olhei para o que estava ao meu lado e perguntei:

– Estão com dificuldades, não?

Aquele Ser encarnado olhou para cima. Ficou estático olhando para mim. Seus olhos estavam arregalados.

Mesmo assim, eu iria continuar. Afinal, o Guardião do Cemitério pediu minha ajuda. Além do que, eu estava agindo dentro da Lei.

– É melhor desistirem! Não vão conseguir fazer o que querem. O Ser que está aí embaixo está pagando por seus próprios erros, só vai sair quando pagar o que deve. Agora, se vocês querem dever também, continuem... Quem sabe, um dia, não nos encontremos deste lado em que estou – dei uma leve gargalhada e fiz com que meus olhos acendessem ainda mais.

Bem, um problema a menos. Depois que ele se deu conta de que eu não era uma ilusão aos seus olhos carnais, correu; em seguida, todos correram também.

Não foi preciso falar com os iniciantes das trevas. Eles viram minha ação e lançaram-se para longe dali.

Em seguida, lançamos nossos espíritos para a encruza onde os outros encarnados também estavam. Eles já haviam firmado tudo. Já existia até uma linha negativa em direção ao cemitério onde o corpo estava sepultado.

Era madrugada. Não havia mais nenhum dos encarnados que fizeram a demanda, mas meu aliado gravou o que cada um fez... Esses, cedo ou tarde, iriam prestar contas. Afinal, eles usaram do direito de escolha. Pediram o mal, mas escolheram o local errado.

Palavras do Preto-Velho, Pai Barnabé: "Mesmo um ponto de força sendo guardado por um Guia de Lei, isso não quer dizer que ali são feitos apenas pedidos ou agradecimentos dentro da Lei. Deus nos dá o direito de escolha. Mas se temos esse direito, devemos arcar com possíveis consequências futuras".

Perto da demanda, avistei alguns iniciantes dos Trevosos. Eles vibravam suas energias sobre o que fora ofertado. Possivelmente, mentalizavam o Ser que deixou ali a vida na carne.

Eu já estava para lançar meu espírito para próximo deles, quando o Guardião do Cemitério apareceu.

– O que faz aqui, Guardião? Não estava em missão? – perguntei.

– Achei por bem vir – respondeu o Guardião do Cemitério. Sua feição era de desconfiança.

– Fiquei tranquilo, Guardião. Vou tentar conversar com aqueles miseráveis!

– Se já é difícil quando existe uma oferta para o bem, imagine como deve ser negociar quando não a tem.

Sim... O Guardião estava desconfiado. Afinal, ele também sabia o que vibrava em minha essência.

Mas, mesmo assim, o Guardião confiava em minha ação dentro da Lei Maior.

– Ali é seu ponto de força. Faça o que ordena a Lei, companheiro! Só não se esqueça do meu conselho. Sua arma de proteção contém a força dos Sete Orixás. Tente não juntar o que vibra em sua essência com as forças que existem em sua arma de proteção concedida pelo Cavaleiro das Batalhas e irradiada pelas Sete Forças. Antes, tente negociar com aqueles Seres – disse o Guardião.

– Fique tranquilo, meu amigo. Vou conversar com eles – afirmei ao Guardião.

Então, ele disse:

– Pode ir. Ficaremos aqui ouvindo sua "conversa".

Lancei meu espírito para perto dos iniciantes. Eram uns cinco.

Parte de minha face estava oculta pelo capuz de minha capa. Eu observei todos. Também pensava em como ter uma boa conversa, quando um deles se dirigiu a mim:

– Vai ficar aí olhando ou vai pegar um pouco para você? – perguntou. Ele me ofertava um pouco da essência negativa que ali estava.

– Não preciso disso! Se for preciso pegar algo, só o faço dentro da Lei! – afirmei de forma séria.

– Ele deve ser mais um idiota que trabalha para a Lei – disse um deles.

Mesmo tendo sido chamado de idiota, ainda tentei negociar.

– Este ponto de força tem um responsável. O que estão fazendo não corresponde à Lei. Acho por bem pararem agora – orientei os que ali estavam.

– Está, sim, de acordo com a lei. Está de acordo com a nossa lei, seu imbecil! – disse outro. Em seguida, todos começaram a gargalhar.

– Por que não vai embora, seu idiota? Se chamarmos quem nos ordenou a ficar aqui, você terá problemas – disse um deles e, novamente, todos gargalharam.

Aproximei-me do que havia me chamado de idiota, tirei o capuz que cobria minha face, olhei fixamente em seus olhos e falei:

– Diga isso só mais uma vez... Diga que sou um idiota! E verá o que farei com o que resta de seu maldito espírito! – ele não esboçou reação, mesmo assim, eu prossegui: – Tome cuidado com suas palavras. Eu, em seu lugar, não iria subestimar um desconhecido – orientei.

Mas eles não estavam preocupados. Alguns ainda zombaram de minhas palavras.

Naquele momento, me lembrei das palavras do Guardião: *"Tente não juntar o que vibra em sua essência com as forças que existem em sua arma de proteção concedida pelo Cavaleiro das Batalhas e irradiada pelas Sete Forças. Antes, tente negociar com aqueles Seres"*.

Eu até tentei, mas como vi que não daria certo, teria de fazer algo para proteger meu ponto de força. Iria usar uma de minhas armas de proteção.

Certo do que iria fazer, levei uma de minhas mãos para dentro de minha capa e, mentalizando a força do Cavaleiro e de todos os Orixás, plasmei minha arma de proteção.

Eles sentiram a vibração contida em minha arma.

– Vamos embora! – disse um deles.

– Seriam muito sábios se escutassem o que ele disse – orientei todos.

— Esse imbecil, não vai conseguir fazer nada sozinho. É melhor você ir embora, seu idiota! – disse outro deles.

Já não havia como negociar... Eu teria de recorrer à força da Lei.

Naquele momento, joguei o cajado com a corrente para trás do meu corpo, usei toda minha força de espírito e lancei contra o solo aquela energia em forma de bola com espinhos bem perto deles.

— Afastem-se, malditos das trevas! – bradei. – Vão embora, miseráveis!

Em fração de segundos, os Trevosos sumiram. Fugiram dali. Com exceção de um, que não conseguiu... Ele estava caído ao solo, em virtude da vibração que sentiu.

Aproximei-me dele, levantei-o por suas vestes rasgadas, segurei-o e olhei de forma séria em seus olhos.

— Quem é você? – perguntou ele, temeroso.

— Para a Lei Maior, sou Exu Sete Capas! O Guardião desta encruzilhada! Mas para você, sou um "idiota". Não foi o que disse? – e fiz com que meus olhos ficassem como brasas.

— Eu não sabia com quem estava falando. Peço desculpas. Por favor! Liberte-me!

— É claro que sabia com quem estava falando. Mas, ainda assim, decidiu seguir com sua escolha errada – eu o soltei e prossegui: – Precisa aprender a não subestimar um desconhecido, miserável. Agora, vá embora! E nunca mais pense em aparecer em um ponto de força. Se assim o fizer, é bem capaz que nos reencontremos. Se isso acontecer, tenha certeza: nossa conversa não será tão pacífica como está sendo agora!

Ele não tinha forças para lançar seu espírito. Mas conseguiu correr.

Assim que aquele Ser foi embora, o Guardião do Cemitério se aproximou e ficou olhando para mim. Em seguida, com um leve sorriso me perguntou:

— Chama isso de "conversa pacífica", meu amigo?

— Vai me desculpar, companheiro! Tentei fazer o que você disse, mas muitos daqueles só escutam desta forma. Eu não sou obrigado a ficar negociando até a hora que esses miseráveis querem – disse ao Guardião do Cemitério.

Sem muita opção do que falar, o Guardião disse:

– Fique tranquilo, meu amigo! Se a Lei lhe concedeu esse poder, era porque sabia que seria útil em suas missões. Além disso, fez com que eles fossem embora – o Guardião falou de uma forma como se não soubesse mais o que fazer, mas estava tranquilo, pois eu agia na Lei.

– Obrigado, companheiro! – agradeci.

O Guardião do Cemitério e o aliado das matas lançaram seus espíritos. Quanto a mim, fiquei na encruza tomando conta do meu ponto de força.

Essa ainda é minha missão. Agir nas ruas e nos sete pontos de força é o que faço desde que fui regido pelas Forças Divinas. Além de gostar, sempre senti que o meu lugar era nas encruzilhadas, sentia que poderia ajudar outros, tanto os que estavam em espírito quanto os encarnados. Os que ajudei e ajudo em espírito são muitos daqueles que aceitam receber a essência de demandas negativas para prejudicar outros. Às vezes, faço isso com uma boa conversa, porém, em vários casos, é preciso fazer uso da força da Lei... E assim faço, e a ela presto contas. Além desses, também auxilio os que estão perdidos e desejam ser ajudados.

Gosto de ser um Exu Guardião! Para mim, faz bem mostrar que Exu é força, vitalidade, é um Ser de Luz, ao contrário do que muitos pensam. É aquele que dá equilíbrio e serenidade quando alguém está em uma situação difícil, para que dela possa sair e seguir sua jornada. É aquele que vibra para poderem trilhar seus caminhos, mas também recolhe a vibração, caso a matéria esteja em desequilíbrio ou não mereça.

Se for preciso e permitido que eu direcione pelos Sete Caminhos, assim farei! Se for necessário receber oferendas e revertê-las como benefício aos que estão na carne e aos que servem suas matérias, farei. Desde que seja permitido pela Lei Maior e que façam para o bem... Contudo, se quiserem ofertar a fim de desejar o mal ao alheio, façam! Esse é um direito de escolha de cada ser. Mas, se existe o direito de escolha, terão a obrigação de aceitar a Lei do Retorno.

Palavras do Preto-Velho Pai Barnabé:

Sim. Na encruza onde reinava sua força, o Grande Exu Sete Capas ajudou muitos... E ainda ajuda, tanto os que estão na carne como os que estão em espírito. Aliás, uma daquelas que estavam em espírito e tiveram sua ajuda fez com que ele fosse ao encontro do Guardião do Cemitério. Juntos, os três foram ao resgate de Ayana, uma linda jovem negra que sofreu por anos na carne vivendo como escrava e, por causa do sofrimento, fez suas escolhas e trilhou seus caminhos até as trevas. Mas, após ser resgatada e regida, Ayana foi direcionada a fazer parte da falange das Moças que carregam o nome de Rosa Negra. Hoje, Ayana guarda os mistérios do cemitério, é uma das falangeiras do Senhor das Almas em desequilíbrio...: Aqueles que caíram na negatividade ainda na carne e continuaram a se negativar em espírito. Atualmente, a jovem e linda negra que vivera como um Ser desvirtuado por anos em espírito se apresenta como Rosa Negra, a Guardiã das Almas.

Fim